TOURISM PLANNING & DESIGN NO.27
旅游规划与设计 27

旅游规划 ＋ 景观建筑 ＋ 景区管理

北京大学城市与环境学院旅游研究与规划中心　主编

中国建筑工业出版社　出版

城市旅游
Urban Tourism

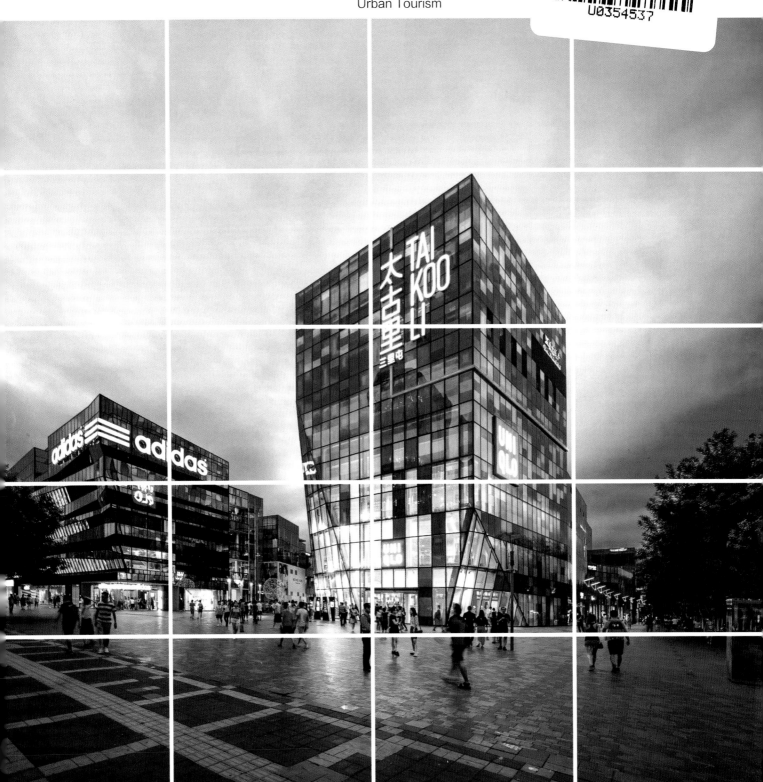

图书在版编目（CIP）数据

旅游规划与设计——城市旅游/北京大学城市与环境学院旅游研究与规划中心主编.—北京:中国建筑工业出版社,2018.5
ISBN 978-7-112-22187-5

Ⅰ.①旅… Ⅱ.①北… Ⅲ.①旅游规划②城市旅游－旅游规划 Ⅳ.①F590.1

中国版本图书馆CIP数据核字(2018)第093978号

主编单位：
北京大学城市与环境学院旅游研究与规划中心　　大地风景文旅集团

出版单位：
中国建筑工业出版社

编委（按姓名拼音排序）：

保继刚（中山大学）	陈　田（中国科学院）	陈可石（北京大学深圳研究生院）
高　峻（上海师范大学）	刘　锋（巅峰智业）	刘滨谊（同济大学）
罗德胤（清华大学）	马耀峰（陕西师范大学）	石培华（南开大学）
王向荣（北京林业大学）	魏小安（世界旅游城市联合会）	谢彦君（海南大学）
杨　锐（清华大学）	杨振之（四川大学）	张　捷（南京大学）
张广瑞（中国社会科学院）	周建明（中国城市规划设计院）	邹统钎（北京第二外国语学院）

名誉主编：　　刘德谦

主　　编：　　吴必虎
本期特约主编：徐小波
副 主 编：　　李咪咪　　戴林琳　　汪　芳　　马晓龙　　王　珏
编辑部主任：　林丽琴
编辑部副主任：姜丽黎
编　　辑：　　崔　锐　　徐文晴
装帧设计：　　刘洺铄
责任编辑：　　郑淮兵　　王晓迪
责任校对：　　张　颖

封面图片提供：徐晓东
封面图片说明：上海外滩
扉页图片提供：徐晓东
扉页图片说明：北京三里屯
封二底图提供：史云凡
封二底图说明：挪威卑尔根
封三底图提供：徐露萍
封三底图说明：泰国清迈白庙

旅游规划与设计——城市旅游
北京大学城市与环境学院旅游研究与规划中心 主编

中国建筑工业出版社 出版、发行（北京海淀三里河路9号）
各地新华书店、建筑书店经销
北京缤索印刷有限公司印刷

开本：880×1230毫米 1/16　印张：9　字数：259千字
2018年3月第一版　　2018年3月第一次印刷
定价：48.00元

ISBN 978-7-112-22187-5
（32079）

版权所有　翻印必究
如有印装质量问题，可寄本社退换
（邮政编码 100037）

卷首语

城市，城与市。回望城市的初颜，我们多少能感受到一丝苍凉。城，必筑高墙，防卫是城的基本功能。每一轮王朝的兴替、每一位将相的起落、每一场战争的胜败，都伴随着城墙之上的铁与火。市，买卖之所，交易是市的终始活动。日中而市、茶马互市、因井为市，都说明交易是各方生活的基础和公利。城与市并非孪生体，有城无市（如卫城）、有市无城（如乡集）是常态，即便在如汉魏时期的洛阳城这类大城市中，市也是"限时开放"的。

治隆唐宋，"城市"之名与唐宋之际城的型制由"里坊制"向"街巷制"的历史性转变密不可分。市与街的结合，彻底打破了城市以往的功能分区模式，"临街而市"使"街"融行道、市场于一体，"市"得以顺着"道"在城中纵横穿插，城、市浑然难分。张择端名作《清明上河图》所描绘的汴京临街商业之胜，可以说反映了"满城皆市"的"胜况"。这种"胜况"在北宋之前是不可能出现的，即便有，那也是"乱象"。至宋室南迁，东南形胜，西湖歌舞，富甲一方的杭州还首创了官方核准的城市"主题娱乐区"——瓦肆。由此，城中街市，不再局限于"花钱买货"，还包括"花钱买闲"。城市，从宋朝开始，面泛红晕，姿色初成。

旅游，在"游必有方"的乡土中国，个中滋味，一言难尽。从大漠孤烟、长河落日，到遍插茱萸、独少一人，是如羁旅之苦；从挥手自兹去、萧萧斑马鸣，到问汝平生功业、黄州惠州儋州，是如游宦之难。在千百年的社会制度和传统观念下，更常见的情形是山河之阔、民韵之丰，被圈割成守土而居、终老于斯的咫尺方圆。由此回眸，现今的旅游与"古往的旅游"不可对语，中间隔着一场波澜不惊的人文革命。

既经革命，那么旅游肯定不能从旅、游两个字上去做文献考古学的解释和拼贴。我更主张把"旅游"（tourism）视为一个从国外引入的完整术语。因为，tourism≠旅+游；至少，tourism=f(旅,游)。古人大概不太可能把千百年后"旅游"的含义提前贯彻到旅、游两个字的"说文解字"之中吧。所以，我觉得传统中国不存在"旅游活动"（tourism），今天的旅游活动是改革开放以后，从西方引入并在我国新兴发展的植入性理念。

城市旅游，与宋朝保持着很复杂的关系，虽然旅游是改革开放之后新兴的，但城市和宋朝关系紧密。杭州旅游之所以发展得不错，可能和它曾经是南宋都城有关系。言归正传，城市旅游不是简单的研究对象，起码牵涉城市、旅游、城市—旅游的关联三方面。正如城市规划学界指出的，城市规划其实包含三方面的理论依据：关于城市的理论，关于规划的理论，关于城市与规划关系的理论。我在加拿大女王大学求学时，导师Hok-Lin Leung（梁鹤年，著名城市规划学者，中国国务院"国家友谊奖"获得者）曾问我什么是城市旅游（urban tourism）。我回答说，"国内有学者认为，发生在城市中的旅游统称为城市旅游"。他听后愣了一会儿，然后说，"It's nonsense, there should be something distinctive as to urban"。从那以后，我很少给"城市旅游"做学术解释，因为我说不清楚什么叫"城市"，可能也说不清楚什么叫"旅游"，更说不清楚"旅游和城市的关系"。

既然说不清楚，那就需要更多探讨，更多较真。城市，古今、中外变幻如旅，君其可游。

本期特约主编

上海师范大学旅游学院 讲师
扬州大学旅游管理系 副教授

目 录

06　城市旅游规划理论与技术

08　城市规划"转型期"游憩空间建设机遇：旅游规划何为？　　　　徐小波　黄珊蕙　黄嘉成

18　面向旅游突发事件治理的旅游城市安全规划研究　　　　谢朝武

28　水陆多标融合、传承发展统筹的港口工业城市更新途径：德国汉堡案例　　胡文颖　汪　芳

38　作为社交场所的酒店：融合酒店与共享办公空间，创建接待业新概念　　威保罗　李咪咪

46　计算机视觉技术及其在旅游规划中的应用：现状与展望　　　　陈　茜　卢闽军

54　城市旅游产品与体验

56　从文化旅游转型为创意旅游：台北大稻埕历史街区案例
　　　　　　　　　　　　　　　　　　　　　　洪雅欣　简博秀　沈宛妮　林绍华

66　体验式工业旅游开发与设计——以德国沃尔夫斯堡大众汽车城为例　　路丽君　汪　芳

76　英国小城镇旅游：分布特征、发展类型与经验借鉴　　　　戴林琳　郭诗诗

84　面向21世纪的城市旅游产品——西班牙伊比萨旅游岛案例　　　　彭　星
　　　　　　　　　　　　　　　　María Dolores Sánchez Fernández, José Ramón Cardona

100　城市旅游空间组织

102　多极型向网络型转变的城市群区域交通组织：中国大湾区城市旅游发展

　　　格局案例　　　　梁增贤

110　城市旅游经济空间联系特征及其演化——以广东省为例　　　　刘丹萍　王文龙

120　城市码头区旅游休闲开发模式——以上海黄浦江两岸为例　　　　毛润泽　李佳仪

132　德国柏林城市绿地系统：空间规划、公园特色与旅游发展策略　　刘清愔　汪　芳

城市旅游

CONTENTS

旅游规划与设计 NO.27
TOURISM PLANNING & DESIGN
旅游规划 + 景观建筑 + 景区管理
北京大学城市与环境学院旅游研究与规划中心 主编
中国建筑工业出版社 出版

06 Theory and Technology

- 08 The Dialogue between Tourism Planning and Urban Planning: Setting an Integrated Planning Framework toward Urban Reformation of China *by Xu Xiaobo, Huang Shanhui, Huang Jiacheng*

- 18 Planning for City Tourism Safety: Controlling the Emergent Cases in Tourism Event *by Xie Chaowu*

- 28 Multiple Target Integrated and Preservation-Development Coordinated Approaches for Port Industrial City Renewal: A Case from Hamburg, Germany *by Hu Wenying, Wang Fang*

- 38 The Hotel as Third Place: Integrating the Hotel and Workshare Space to Create a New Concept in Hospitality *by Paul Matthew Wiste, Mimi Li*

- 46 Computer Vision Technology and Its Application in Tourism Planning: Present and Future *by Chen Xi, Lu Minjun*

54 Product and Experience

- 56 From Cultural Tourism to Creative Tourism: A Case from Dadaocheng Historical District in Teipei, Taiwan *by Hong Yaxin, Jian Boxiu, Shen Wanni, Lin Shaohua*

- 66 Developing and Designing Industrial Tourism Experiences: A Case from Volkswagen Autostadt in Wolfsburg, Germany *by Lu Lijun, Wang Fang*

- 76 Tourism Development in British Towns: Spatial Distribution, Development Patterns and Implications for China *by Dai Linlin, Guo Shishi*

- 84 The City of Ibiza's Tourist Offer in the 21st Century *by Xing Peng, María Dolores Sánchez Fernández, José Ramón Cardona*

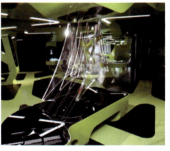

100 Spatial Structure and Organization

- 102 Transportation Reconstructing in a Metropolitan Region from Multiple-Node to Networking Pattern: City Tourism Development in the Greater Gulf District of South China *by Liang Zengxian*

- 110 Characteristics and Evolution of Spatial Economic Interaction Among Tourism Cities: A Case Study of Guangdong Province *by Liu Danping, Wang Wenlong*

- 120 Development Patterns for Tourism and Leisure Activities in Urban Dock Areas: A Case Study of Huangpu River Waterfront, Shanghai *by Mao Runze, Li Jiayi*

- 132 Urban Green Space: Spatial Planning, City Parks and Tourism Development Strategies in Berlin, Germany *by Liu Qingyin, Wang Fang*

Urban Tourism

北京大学城市与环境学院 旅游研究与规划中心 主编
中国建筑工业出版社 出版

澳大利亚悉尼

城市旅游规划理论与技术
Theory and Technology

徐小波	黄珊蕙	黄嘉成	城市规划"转型期"游憩空间建设机遇：旅游规划何为？
		谢朝武	面向旅游突发事件治理的旅游城市安全规划研究
	胡文颖	汪 芳	水陆多标融合、传承发展统筹的港口工业城市更新途径：德国汉堡案例
	威保罗	李咪咪	作为社交场所的酒店：融合酒店与共享办公空间，创建接待业新概念
	陈 茜	卢闽军	计算机视觉技术及其在旅游规划中的应用：现状与展望

史云凡/摄

城市规划"转型期"游憩空间建设机遇：旅游规划何为？

The Dialogue between Tourism Planning and Urban Planning: Setting an Integrated Planning Framework Toward Urban Reformation of China

文 / 徐小波 黄珊蕙 黄嘉成

【摘 要】

城市游憩空间建设是休闲时代的基本问题。随着休闲时代的到来，我国将迎来城市游憩发展的历史机遇。由于体制原因，我国城市游憩规划建设需要依附城市规划而展开，但两者融合是客观趋势。本文结合对城市游憩空间的认知和规划机制的剖析，探讨了旅游规划与城市规划融合的基本理念和核心对策，为城市游憩空间建设提供参考。

【关键词】

城市规划；旅游规划；游憩空间；规划理念；融合对策

【作者简介】

徐小波 博士后，上海师范大学旅游学院讲师，扬州大学旅游管理系副教授
黄珊蕙 北京大学城市与环境学院旅游研究与规划中心博士生
黄嘉成 北京大学城市与环境学院旅游研究与规划中心硕士生

以城镇化、三产化为动力，休闲社会已在全球范围内展露雏形，预示着城市游憩的大潮正在涌动。城市游憩是现代旅游的主要支撑点，游憩空间建设将成为城市社会经济转型发展的重要内容。至 2017 年底，上海已经全线打通黄浦江两岸 45 公里滨水绿道，打造了"世界级滨水休闲空间"，堪为一例。然而，一方面，与如火如荼的游憩空间建设相比，我国城市游憩研究起步较晚，理论基础较弱；另一方面，由于制度设计等原因，我国城市游憩空间建设长期依附于城市规划，在城市建设中往往受到忽视；同时，旅游规划作为城市规划体系中一种专项规划，受制于城市规划，对城市游憩空间建设的话语权也较小。

我国城市游憩空间的建设与发展面临"破旧立新"的复杂局面。其中，重构旅游规划、城市规划在城市游憩空间建设中的"话语权"具有关键意义。当前，各级城市的职能重心普遍由"生产"向"生活"让渡，城市规划的"公共政策"属性不断归位，人居环境、公共生活正成为调拨规划导向的"要务"，赋予游憩（旅游）在城市规划中更广阔的作为空间。

这种形势下，厘清旅游规划与城市规划之间的"恩怨情结"，共谋两者在城市游憩空间建设中的"琴瑟和鸣"具有现实意义。

1 城市游憩空间的基本认识

1.1 城市游憩空间的界定

城市游憩指发生于城市公共空间，具有大众性、愉悦性、非功利性的休闲活动，主要涉及城市居民和外来旅游者两类主体[1]。城市游憩空间指处于城市或者城市近郊的，游憩者可进入的，具有休息、交往、锻炼、娱乐、购物、观光、旅游等游憩功能的开放空间、建筑物及设施[2]。城市游憩空间不仅包括由有形的游憩设施及相关建筑设施共同组成的游憩物质空间，还包括由人们的游憩活动所组成的游憩行为空间[3]。据此，城市游憩空间近同于城市公共空间（表1）。

1.2 城市游憩空间的本质

城市公共空间因人的活动而获得意义，这种意义不仅是人与场所的功能有效发生关系，而且是人的情感释放、交流与认同的需要[6]。因而，城市游憩空间应是游憩物质空间与游憩行为空间相互耦合而成的城市公共空间（图1）。我国法律制度赋予城市政府以"公共利益或福利"的名义，并令其在此名义下担任城市公共空间提供者的职能。因此，城市游憩空间兼具空间的两重属性：权力网络场域、社会关系的生产者和被生产者[7]。或者说，我国城市游憩空间是一类由城市政权"代言"的社会关系组织场域，而"代言"包括直接干预、间接影响两种基本形式。

1.3 城市游憩空间建设的目标

首先，城市游憩空间建设的根本目标是发展社会经济，服务于城市功能。功能是城市的本质属性，可分为基本功能和非基本功能。基本功能服务于本城市以外的需求，是城市发展的主动力；而非基本功能则服务于本城市内部的需求，重在改善城市生活[8]。城市居民和外来旅游者都是城市游憩的活动主体，由此决定了

表1 城市游憩空间类型

类别	类型		举例
户外	自然	保护区	水/山体、田野
		保留区	森林、池沼
		风景区	风景游览区
	人工	街道空间	景观游赏道、步行街、轴线大道
		广场空间	市政广场/公园
		公园/绿地	人文古迹
			主题/游乐公园
室内	人工	室内/人工	购物场所
			文化场馆
			歌舞厅
			游戏和台球室
			综合娱乐场所
			建筑内/中庭
			半私密空间

资料来源：据保继刚（2005）[4]、王鹏（2001）[5]整理。

城市游憩兼容提升生活品质、促进经济发展两类功能于一体。

其次,城市游憩空间建设的主要目标在于改善人居环境,服务于城市居民。我国现阶段城市规划的基本任务是保护创造和修复人居环境,为城市居民保障和创造安全、健康、舒适的空间环境,以及公正的社会环境[9]。基于此,城市游憩空间的建设首先应体现"坚持为全体居民服务",致力于创造和谐的人居环境,这也是城市(游憩)规划本质——公共政策——的直接体现。

再次,城市游憩空间建设的直接目标为优化城市形态,服务于城市游憩。城市功能与城市结构及其形态相适应,城市游憩功能具体通过城市形态得以体现。城市不单单要推动旅游业的发展,更要将城市作为一个中心目的地来建设。例如,中央游憩区往往是城市旅游的灵魂,而环城游憩带又是城市旅游的另一个发展重点[10]。城市的合理形态,不仅是局部适应性的,更要整体协调性地迎合城市游憩功能。

2 城市游憩空间建设困境及语境意识

在城市发展过程中,由于管理体制不健全、过度追求经济发展等原因,城市公共空间不断被挤压和蚕食,出现公共空间失落与缺位等多种问题,较多学者对此进行了剖析[11,12]。客观认识城市规划在公共空间建设问题上的困境,是游憩空间与城市规划"平心交流",进而协商"话语权"的必要准备。对照城市游憩空间本质及其目标,当前城市游憩空间建设困境可归纳为"五无"。

2.1 城市游憩空间建设困境简析
2.1.1 无意:公正之于效率

游憩空间的最终建设在于政府,而规划本身并不能决定实施。"纸上画画、墙上挂挂"不一定意味着规划方案不良,还可能恰恰是政府不愿去实现一个公正的愿景。政府不是一个抽象的存在,官员们有着内在的"理性","GDP考核"的政绩评估对政府决策有着直接影响。对经济发展

图1 西安东南城角

成英文/摄

图2 北京奥林匹克公园　　　　　　　　　　　　　　　　王会龙/摄

效率的追求往往转移了政府对社会效益应有的关注，催生了政府与开发商结盟的"发展政体"，使游憩用地在"效率""公正"相互砥砺之际被"代言"。

2.1.2 无力：理想之于现实

快速城市化与经济全球化同步是我国目前的基本实情，这导致城市建设过程中存在众多不确定因素。城市公共用地不断被蚕食，并不一定是因为缺乏提供、维护公共空间的理想，很大程度上是迫于经济、社会发展的客观规律和现实压力，内城更是面临用地稀缺、社会隔离、融资能力、土地权属等多种制约因素。土地资源紧缺和城市化压力大是导致游憩空间不断缩小的客观原因，在各利益方的"讨价还价"中，城市游憩建设也须适当妥协。

2.1.3 无术：目标之于行动

市场经济体制下的城市规划仅依据目标消极地控制城市开发，缺乏积极引导城市开发以实现目标的机制，拙于应付难以逆料的社会变化：城市规划批准之日，就是修改调整之时[13]。有学者将城市空间结构视为自组织产物[14]，认为城市有其自身的成长机制和发展规律，这种自发组织和自我运动不为人的意志所左右，规划只能对城市的自组织机能起到一定的干预作用。因此，城市的建设目标与实践能力之间的失衡在所难免。

2.1.4 无为：体制之于作为

体制上，"条块分割"一直是困扰我国城市规划与城市建设的痼疾。各职能部门既要服从上级部门的"条型"指导，又要遵照地方的"块型"统筹。其中，某些职能部门的行政等级又高于地方政府，导致"条""块"之间的联系时常缺乏系统性和有机性。此外，我国城市规划与开发在运行机制上相对分离，城市管理主要针对开发项目，缺乏对公共空间的有效管治。一方面，城市游憩空间建设管理权分散在诸多部门，形成"多头指导、多元行政、多套标准"；另一方面，游憩场所的结构复杂性、功能多元化需要多部门联合指导，而部门缺位或部门利益角逐都是普遍现象。总之，体制不畅阻滞了特定部门建设游憩空间的意向与途径。

2.1.5 无章：规范之于实践

我国城市游憩空间建设缺乏系统的政策标准和法律保障。尽管存在某些相关性的量化指标，实际上却难以有效控制游憩空间的建设质量。

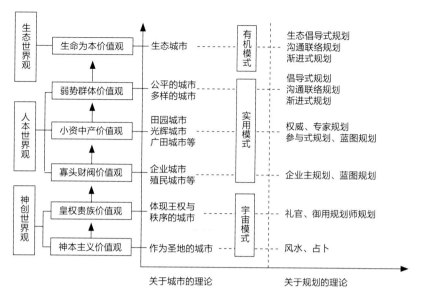

图3 城市规划理论谱系概要　　　　　资料来源：吕斌，余高红（2006）[18]。

例如，一些项目在主体工程完成后，在"边角料"地带粗放开发"满足要求"的游憩空间，以"敷衍"控制指标而不考虑实际的使用需求，使游憩空间沦为"功能主义"的傀儡。规范的缺失使城市游憩空间规划管理存在大量灰区。

2.2 城市游憩规划语境意识

城市空间建设的困境具有普遍性，游憩空间要在"五无"背景中与城市规划融合。为此，城市游憩空间建设应基于以下两点认识，以一种端正平和的态度，在客观"语境"中谋求与城市规划的交流、协商。

2.2.1 关于游憩空间建设消长现象

城市空间建设是复杂的，游憩空间和其他空间类型一样会经历"从生到死"的过程，旅游学可依据"生命周期"寻求内因，城市规划学通常归因于地域功能结构的改变。我国正处于工业化中期，高品质、大规模的游憩空间建设相对滞后，甚至还出现暂时性退化的现象。然而应看到，减少第二产业比重，发展第三产业的"退二进三"策略已成为共识，预示着我国城市游憩空间建设出现逐渐兴起的基本趋势。整体上，我国城市游憩空间建设大致处于痛苦的"分娩期"，旅游规划现阶段的本底任务是"守住"高品质游憩空间，抵制城市其他功能近视的、非理性的"空间袭夺"，在此基础上保育、提升空间综合游憩功能，并以一种积极进取、适度包容的态度看待城市游憩空间建设（图2）。

2.2.2 关于游憩空间建设组织制度

游憩空间建设制度涉及多方面的利益相关者[15,16]。本文认为，寄望于从制度层面保全城市游憩空间，多少有点"愿景"色彩。现实中，历史建筑被拆除、风景区被高楼围困、居住区地役权被侵犯等现象层出不穷。对这些现象，我国并不缺乏相应的约束制度，缺乏的是约束制度的实施。在我国，城市规划和建设是由政府"代言"的，代言者是实实在在的组织，而被代言者——城市公共空间——是虚置的组织。这种以"实"对"虚"的博弈就像一出"独角戏"，"实"是最终的唯一行动者。故而，应加强游憩空间的"场所性"建设，通过强化社会使用性来突出游憩空间的本质——社会关系组织场域，催化"向权力说真理"的社会意识，变消极被动的事后监督为积极主动的事前（中）监管。总之，游憩空间如何凝聚社会公众"制衡"政府权力的公民意识，或许比建设"文本化的"游憩空间制度更值得思考。

3 城市游憩空间发展导向及对策

旅游规划作为城市规划体系中的一种专项规划，不能和城市规划形成"两张皮"，否则将悬浮于城市规划体系之外而"身陷囹圄"。在城市规划加速向公共政策转型期间，旅游规划应把握城市发展趋势和理念，以积极姿态和适宜举措，与城市规划对话，共谋游憩空间建设。

3.1 城市空间建设哲理思辨

城市空间是一个生命体，是由社会关系等多元价值相互折中与代谢的生长体[17]，城市空间在价值导向下动态演进。然而，城市空间生命体发展的复杂性、自组织性与动态性，导致机械的方法论科学难以解释城市规划内在的价值取向——"非科学"特性。依据人类世界观或者城市建设的价值取向，可将城市规划分为三大谱系（图3）。当前，我国城市空间建设主要处于实用模式的深化阶段，凸现社会公正与价值多元，而有机模式代表着规划伦理的变革方向。生态规划伦理不局限于对自然生态的关注，而是强调借鉴生态学理论内涵，谋求有机发展，通过"倡导性、代言性、联络性"构建健康的人—人关系与人—地关系[19]，促进各类规划有机衔接。

3.2 城市空间建设理念转型

遵循生态伦理导向，规划应努力实现对人、地更为全面公正的关怀。相应的，城市游憩空间建设理念应体现四点转变。

（1）从物态向生态转型。传统的"规划工具"视角假设人能掌握所有信息，通过理性手段控制"城市机器生产"，以对物的支配实现规划的"科学"价值。然而，在后现代趋势下，城市空间的价值构成将发生显著变化，不仅包括各种物质性因素，还涉及能量流、信息流等多种非物质系统，只有结合情感、自然等非物态流体网络，才能创造人性化的城市空间。

（2）从量化向序化转型。城市有机体的运行具有自组织性，是非线性的，片面追求规模不能提升城市空间的质量。城市系统的健康运行需要各种流体形成有机联系，根本上是实现一种秩序。城市空间建设应遵从各种流体的运行机制、阶段特征、行为规律等各种"序"的要求。

（3）从优化向进化转型。城市空间是开放的复杂巨系统，规划需要适度的弹性和动态性，没有终极的最优"蓝图"（blueprint）。城市空间的活力在于容纳新要素、不断更新与演替，固化的城市空间将"板结"而僵硬、衰落。

（4）从层次向层级转型。层次指区域的空间尺度，层级是深入考虑层次内部的结构关系，不同（功能/组织）结构对功能演进的催化能力也不同。层次划分法的实用性较强，因而城市游憩空间一般按层次界定（如市级/区级/街道级/社区级等），而对游憩空间层级——实践能力的关注相对有限，缺乏对游憩空间内部活力的动态考察。例如，以"新华书店"为代表的老牌书店的地位，正面临一系列"文艺、小资书店"的挑战；传统的市中心购物区，正面临不断涌现的特色主题购物街的挑战；市级游客集散中心，正面临核心景区集散网络的挑战……因此，后现代趋势在越来越显著地"改编"综合职能、专项职能之间的能级关系，一些低层次的专项功能空间可能比高层次的功能空间更具活力。相应地，游憩空间建设应突破固态的"层次"思维，转而结合游憩空间的成长态势探索实施动态的层级化管理。

3.3 城市游憩规划融合的必要性

城市游憩系统是有机抽取城市系统中某些功能、结构、形态因子而形成的巢式子系统，城市游憩空间建设是"城市生态系统"演进过程中的一种状态。

（1）传统城市游憩规划具有明显的狭隘性，只涉及城市游憩空间的局部类型，通常重视的是城市的景点旅游，缺乏渗入城市肌理的城市游憩发展理念[20]。

（2）传统的城市游憩规划对生态伦理重视不够，关注点主要是城市生态系统中有限的、大众性的人—地、人—人生态流。似乎对于越是"纯化"的人—地、人—人生态流（表2中A/B方向），传统的城市游憩规划就越是缺乏充分探讨。例如，对于大尺度自然空间（风景名胜区、国家森林公园、国家湿地公园等）依旧存在不少反对旅游开发的声音，某种程度上体现出城市规划学界对旅游、游憩的概念体系混淆不清。

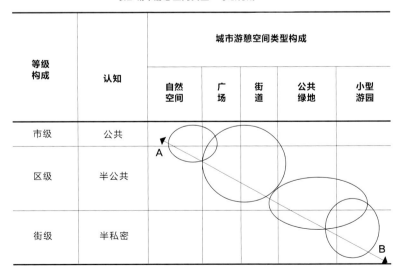

表2 城市游憩空间类型—等级构成

等级构成	认知	城市游憩空间类型构成				
		自然空间	广场	街道	公共绿地	小型游园
市级	公共					
区级	半公共					
街级	半私密					

资料来源：王鹏（2001）[21]

同时，半私密、私密空间（庭院空间、室内花房等）同样属于城市游憩空间，城市规划学界通常会统之以"住宅空间"。

（3）由城市规划指导的游憩空间通常缺乏系统性，也缺乏实施保障。或者说，在现行的城市规划体系中，游憩规划潜意识里被当作下位规划、从属规划而得不到真正的重视。崔凤军认为，编制城市游憩专项规划是一种"不得已的策略"[22]，是以"自立门户的姿态"对举于法定的城市规划，以引起城市规划体系的"特别重视"。

总体看来，城市规划涉及的游憩空间建设能够"横向到边"，但易浮泛；城市游憩专项规划涉及的类型较局限，但更具"纵向到底"特征。游憩规划的一种显在优势在于更全面、有组织地引导城市游憩流（尤其是外来游客流）的空间分布并做出响应，这是一般城市规划难以企及的，而游憩流（游憩需求）的有序组织恰是城市游憩空间发展的主导因素。

继而，从城市生态系统的视角望去，可以得到3个"惊喜的"发现：

（1）城市规划和城市游憩专项规划共同服务于城市功能，两者各取所重、各工所善，有机互补。

（2）城市规划和城市游憩专项规划皆为城市游憩空间建设所需，两者在城市游憩空间建设广度和深度之间构建某种合理的、动态的平衡。

（3）城市规划和城市游憩专项规划倾向于塑造两种形体特征不同的空间类型，前者动态多元，后者风情浓郁，城市图景因此而精彩。

3.4 城市游憩规划的措施建议

游憩规划融入城市规划的总体对策包括：（1）以生态规划伦理摆脱"自说自话"窘境，洞明城市运行机制以立则；（2）以"四点转变"突破"表皮层面"倾向，融入城市运行机制谋发展。

3.4.1 洞明城市运行机制以立则

城市的根本存在是功能，城市的发展受功能结构支配；功能创新

表3 城市功能、结构与形态的相关性分析

	功能	结构	形态
表征	城市发展的动力	城市增长的活力	城市形象的魅力
含义	城市存在的本质特征 系统对外作用的秩序和能力 功能缔造结构	城市问题的本质性根源 城市功能活动内在联系 结构的影响更为深远	城市结构与功能高度概括 映射城市发展持续与继承 城市具有鲜明的个性与景观特色
核心影响因素	社会科技等进步发展 城市经济增长 政府政策	功能变异推动 城市自身成长更新 土地利用的经济规律	政府政策 功能的体现 市民价值观变化
基本构成内容	城市发展的目标进取 发展预测 战略目标	城市增长 方法与手段制定 空间/土地/产业/社会 结构整合	人与自然的和谐 传统与现代并存 物质与精神文明并进 城市设计的成果
动力机制	功能⟵⟶结构：变革动力	结构⟵⟶形态：目标动力	变革⟵⟶目标：系统演进
总体要求	强化城市综合功能⟶完善城市空间结构⟶美化城市空间形态		

资料来源：据李德华（2001）[23]整理。

是城市发展的终极力量,是结构和形态演化的先导(表3)。游憩空间要在城市发展中立身,根基在于提供特定空间域不可或缺的功能。游憩空间功能包括提供公共活动场所、空间组织、景观生态、文化遗存保护与标志、教育科研、经济生产、土地存储等。游憩空间在特定空间域的功能"生态位"越大,生命力就越强。包括游憩空间在内的各类空间形体都随城市功能变迁而消长,苛求游憩空间形体"单向进化"只是总体愿景。或者说,建设城市游憩空间可以"有进有退""有建有拆""有新有旧",服从于特定城市空间的综合功能需要。顺应城市运行机制是游憩空间对城市(规划)发展的生态适应,是破解旅游规划、城市规划"两张皮"的必由之路。当城市发展到特定阶段,生成相对稳定的"后现代功能结构",游憩空间也必然会得到整体的、稳健的优化提升。

3.4.2 融入城市运行机制谋发展

(1)功能有机再造。梳理游憩空间各历史阶段遗留的问题,有机恢复某些已经缺失或正在缺失的历史功能,并按照现代城市发展的需要做出整合,让这些刻有"城市记忆"的功能融于城市再发展之中(图4)。只要城市本土功能被保留,城市空间的地方性就不会消逝。

(2)价值多元取向。现代城市是多重价值交汇的场域,包括生命价值和非生命价值。公众参与是人类价值取向多元化的一种方式,包括对环境等非生命价值的统筹。游憩空间规划应突出联络性,尊重生命与非生命价值交汇、交流的生态伦理。

(3)场所特性培育。场所是特定的人或事所占有的环境特定部分,具有占有性、非几何空间性、随机性特征。场所的本质在于结合空间不同的功能和多元价值,为各类社会使用者提供"和而不同"的独特体验。城市游憩活动根本上是获得一种内在体验,感受人与情境的交流。由于游憩者价值构成的复杂性和多维度,不同游憩空间应紧扣核心游憩人群可达

图4 西安城墙上

成英文/摄

图5 北京元大都城垣遗址公园　　　　王会龙/摄

性要求,锻造独特的场所精神。"可达性"包括技术可达性和社会可达性,目的是为所有游憩者提供能力可及、情感可饭的公平的游憩机会。

(4)地格生态适应。城市地格包括地脉、文脉两类要素,物质、精神两类属性。地格赋予包括游憩空间在内的城市形体以独特魅力,记录城市的发展印迹,使城市成为活生生的"空间读本"。在城市游憩空间建设中,不宜篡改城市肌理、臆造城市文明,也无须僵化固守、一成不变,否则将会毁灭或遗漏城市发展的真实信息(图5)。

(5)形体渐变交融。城市生态系统功能外显为城市生态景观,连续、流畅的景观界面有赖于有效的空间管治。实践中,应重点关注城市主要的游憩功能核,通过网络化、拼贴和补缀手法,将"五色杂陈"的景观片段整合为渐变交融的有序组织[24]。

(6)程式妥协渐进。一方面,应发扬城市规划宏观性、全局性、长远性优势,侧重城市内外功能结构调整和空间配置,促成城市空间功能发育与成长。另一方面,也要发挥游憩规划专业性、社会性、灵活性优势,侧重城市各功能空间生活气息和形体改良,提升城市生活品质和社会魅力。城市规划必然要考虑游憩功能,具有尊重核心游憩区的内在倾向;游憩规划应以核心游憩区为依托,以专业性的形体改良和功能孵化提升城市规划建设品质,诱导城市规划在游憩空间领域逐渐"放权""赋权"。城市基础设施、文体场所、小型聚落、景观街区、公共场所、生产经营设施、建筑单体或建筑群等都具有试点潜力[25]。

4 结语

游憩空间建设是休闲时代城市游憩规划的基本问题。我国快速城市化与旅游城市化具有同步性,城市游憩空间建设迎来历史机遇。城市规划和城市游憩规划本质上是统一的,两者融合是客观要求和内在趋势。然而,由于现行体制等原因,城市游憩规划在很大程度上仍需依附于城市规划而展开。城市游憩建设应洞察城市运行机制,通过协商交流、生态适应的方式,完善城市游憩规划体系,实现从"讨权"向"赋权"过渡。城市何去决定规划何为,城市游憩规划建设应当突破"工具"理性,通过"功能有机再造、价值取向多元、场所特性培育、地格生态适应、形体渐变交融、程式妥协渐进",平衡城市规划、游憩规划的广度和深度,谱写美好的城市图景。城市规划与游憩规划融合客观上是一种探索、妥协、渐进的过程,城市游憩空间也将由此获得生命体的韵律与美感。

参考文献

[1] 徐小波,袁蒙蒙,樊志敏. 城市游憩空间布局驱动系统探析——以扬州市为例[J]. 城市问题, 2008(8): 29-34.

[2] 冯维波. 中国城市游憩空间研究进展——基于有关学术论文的统计分析[J]. 经济地理, 2006(S2): 21-23.

[3] 吴必虎,董莉娜,唐子颖. 公共游憩空间分类与属性研究[J]. 中国园林, 2003, 19(5): 48-50.

[4] 保继刚. 城市旅游:原理·案例[M]. 天津:南开大学出版社, 2005: 108.

[5] 王鹏. 城市公共空间的系统化建设[M]. 南京:东南大学出版社, 2001: 3-5.

[6] 杨保军. 城市公共空间的失落与新生[J]. 城市规划学刊, 2006(6): 9-15.

[7] 高宏宇. 社会学视角下的城市空间研究[J]. 城市规划学刊, 2007(1): 44-48.

[8] 许学强,周一星,宁越敏. 城市地理学[M]. 北京:高等教育出版社, 2002: 98-99.

[9] 吴志强,李德华. 城市规划原理[M]. 第4版. 中国建筑工业出版社, 2010: 65.

[10] 魏小安. 旅游城市与城市旅游——另一种眼光看城市[J]. 旅游学刊, 2001, 16(6): 8-12.

[11] 同[5].

[12] 同[6].

[13] 朱介鸣. 中国城市规划面临的两大挑战[J]. 城市规划学刊, 2006(6): 1-8.

[14] 鱼晓惠. 城市空间的自组织发展与规划干预[J]. 城市问题, 2011(8): 42-45.

[15] 同[6].

[16] 同[7].

[17] 朱勍. 城市研究中生命视角的引入[J]. 城市规划学刊, 2008(2): 24-30.

[18] 吕斌,佘高红. 城市规划生态化探讨——论生态规划与城市规划的融合[J]. 城市规划学刊, 2006(4): 15-19.

[19] 同[18].

[20] 崔凤军. 城市旅游的发展与实践:20个命题研究[M]. 北京:中国旅游出版社, 2005: 131, 172.

[21] 同[5].

[22] 同[20].

[23] 李德华. 城市规划原理(3版)[M]. 北京:中国建筑工业出版社, 2001: 199.

[24] 俞孔坚,李迪化,等. 新农村建设规划与城市扩张的景观安全格局途径——以马岗村为例[J]. 城市规划学刊, 2006(5): 38-45.

[25] 陈建勤. 城市建设项目的旅游功能开发探析[N]. 中国旅游报, 2004-02-06.

面向旅游突发事件治理的旅游城市安全规划研究
Planning for City Tourism Safety: Controlling the Emergent Cases in Tourism Event

文 / 谢朝武

【摘 要】

旅游城市安全管理需要综合性安全规划的支撑，但在我国，对旅游城市的安全规划体系还缺乏基本的共识。研究提出，旅游城市安全规划是针对旅游安全资源在旅游城市的空间布局和配设所进行的综合部署与安排。研究分析了我国旅游城市安全规划面临的技术挑战和任务导向。研究认为，旅游城市安全规划应服务于旅游突发事件的治理，其功能结构和要素体系包括预防预备体系、监测预警体系、处置救援体系和恢复重建体系四大结构层次。以此为基础，研究建构了旅游城市安全规划体系的要素结构及其编制路径。

【关键词】

旅游城市；安全规划；旅游突发事件治理

【作者简介】

谢朝武 华侨大学旅游学院教授、博士生导师近年来，受众多旅游突发事件的影响，我国的旅游安全管理逐渐引起旅游行政管理部门和业界的关注。但是，旅游部门有限的旅游安全管理行动大都局限于旅游突发事件的事后应急处置。大部分旅游城市基本上没有建立起面向突发事件预防预备、监测预警、处置救援和恢复重建的完整的旅游应急设施体系和管理体系。从规划角度而言，我国各种类型、各种层面的旅游规划基本上都没有将旅游安全规划作为专项规划的内容，旅游城市公共安全规划也很少面向旅游者安全进行专项规划。这表明，旅游城市还缺乏进行旅游安全规划的基本认识，旅游安全应急体系的建设缺乏旅游规划力量的支持。

1 研究背景

以民众安全为目标的安全规划最早主要出现在民防、城市安全规划等领域。《1949年日内瓦公约及其1977年附加议定书的基本规则》对民防所具有的面向民众、危险防护、灾害恢复和人道工作的综合属性进行了明确的界定[1]。由此，以民众安全作为目标的民防安全管理体系在全世界开始得到日益广泛的重视。在我国，城市是较早涉及公共安全规划的研究载体。2003年，我国发生了SARS疫情，这一事件使公共安全规划开始受到城市规划界的关注（顾林生等，2009）[2]，许多学者围绕城市公共安全规划的编制（朱坦等，2003）[3]、理论与方法（牛晓霞等，2003）[4]、规划模式（牛晓霞，朱坦）[5]等议题进行了较为系统的阐述。此外，李彪等（2003）对基于GIS的城市安全规划的可视化技术进行了深入阐述[6]。

顾林生等人（2009）认为，政府应该向民众提供公共安全服务产品，这既是我国城市发展中的现实需求，也是推动我国城市安全发展的法律要求[7]。在我国，21世纪前十年的城市化进程不断加速，城市发展面临越来越多样化的安全风险，这对城市安全管理提出了越来越高的要求。魏利军（2005）提出，城市重大危险源对城市的整体安全造成了重要影响，因此应加大对城市重大危险源的规划和整治[8]。郭建（2008）等学者对气候与城市安全问题予以了关注，并认为城市公共安全规划应该对气候变暖等因素做出反应[9]。城市在发展过程中会面临城乡格局的变化，这对城市安全规划也就提出了新的要求。吴越、吴纯（2009）提出，城市安全规划应该综合考虑城乡统筹的问题，并强调在城乡统筹规划的背景下进行风险控制和风险减缓[10]。万汉斌、冀永进（2011）提出，当前的城市面临复杂而多样的灾难和危机，因此城市公共安全规划应以构建"本质安全型城市"为目标[11]。

总体上，这些研究都是从城市安全风险控制的角度来探讨城市安全规划的。而传统的城市公共安全规划往往与灾害应急管理割裂开来，这容易导致救灾延误与权责不清（冯凯，2005）[12]。因此，将城市公共安全规划与灾害应急管理进行集成有利于提升安全规划的成效，也有利于提升城市的综合应急水平。可见，基于安全规划与应急管理需求的集成研究是一个值得探讨的新兴领域。

面向旅游领域的安全规划也是一个尚待开发的领域。旅游领域的安全规划需求主要源自对旅游灾难管理的重视（Faulkner，2001）[13]。Murphy和Bayley（1989）很早就提出，旅游业应该重视灾难规划[14]。Sönmez（1999）认为，旅游城市应该有一个危机管理计划，并且应该将危机管理计划整合到可持续发展及营销战略中，以保护和重建突发灾难后的旅游城市形象及其吸引力[15]。911事件发生后，旅游安全在西方学界受到普遍的关注。Hall（2003）等人在《旅游安全与安保：关系、管理与营销》一书中组织了17个领域的专家来探讨旅游安全议题，旅游灾难规划就是其中重要的篇章[16]。其中，Prideaux（2003）对2001年澳大利亚的旅游灾难处置进行了分析，并认为灾难规划框架有助于澳大利亚政府更从容地应对旅游灾难[17]。正是在这样的背景下，旅游灾难规划开始引起越来越多的重视。但即使这样，旅游灾难规划的相关研究还是缺乏深入的探索，而从教育、沟通、社会学、应急沟通等多角度去认知，有助于更好地理解旅游灾难规划，并确定更具效果的规划体系（Ritchie，2008）[18]。

在国内，伴随着我国旅游市场的大规模增长，各种产业因素、社会因素、环境因素、自然灾害因素等的突发变化越来越频繁，自驾游、自助游、高风险游等旅游方式也越发流行，传统和非传统旅游风险因素都趋于增多，这些综合因素的存在使我国旅游突发事件逐渐步入多发期（谢朝武，2013）[19]。特别是汶川大地震的发生，让业界和理论界认识到旅游城市安全与应急设施的缺乏，因此基于规划手段的旅游安全管控开始引起关注。李新娟（2010）提出，在山地旅游安全的风险控制中上，应以旅游安全作为目标进行科学的规划[20]。唐继刚（2011）也提出，旅游规划建设应该把安全作为首要目标[21]。吴其付和庞君（2011）则提出，旅游城市应重视灾难规划问题[22]。

但在实践层面，我国旅游城市还缺乏进行旅游安全规划的基本共识。由于旅游安全规划缺位，大量旅游城市缺乏面向旅游者的安全引导设备设施、安全避难设备设施、应急救援设备设施，旅游城市缺乏进行全程旅游应急管理的资源和设施基础，旅游城市只能依靠传统的公共安全资源进行旅游领域的安全管理，这极大地影响了旅游城市安全与应急管理的效率、效力和效果。因此，在旅游城市规划中进行旅游安全专项规划，根据旅游应急需求和旅游突发事件的发生规律进行旅游安全区划、部署安全资源，有效地规避、防范和应对旅游突发事件，是旅游城市的重要规划任务。而系统地研究旅游城市的旅游安全规划，明确旅游安全规划的任务、要素和路径，则是一个尚待解决的兼具理论与实践意义的重要课题。

2 旅游城市安全规划面临的技术挑战

旅游城市安全规划是确立旅游城市的安全发展目标，并根据旅游者在旅游城市的空间活动规律，针对旅游安全资源在旅游城市的空间布局和配设所进行的综合部署与安排。从实践来看，旅游城市安全规划还是一个较少人关注的新命题。从范畴来讲，它既可以是旅游规划或公共安全规划的专项规划内容，亦可以旅游城市旅游安全与综合防灾规划的形式独立存在。与常规的公共安全规划相比，旅游城市的旅游安全风险具有特殊性，根源在于旅游者具有不同于一般居民的行为活动规律与特点，这也给旅游城市安全规划的编制带来了挑战。

2.1 旅游者对旅游城市的环境具有陌生性

造访旅游城市的旅游者一般都来自外地，他们对旅游城市的环境、空间、设施、人员、文化等都具有陌生感，在心理和行为上很难像本地居民一样深入地了解和涉入旅游城市的生活体系。因此，旅游城市的旅游安全资源部署应该以明确的方式进行安排，提供清晰的引导标识，建立各地乃至于国际都通用的标准化安全设备设施系统，以消除旅游者因陌生感而可能产生的行为延迟和错误判断。

2.2 旅游者在旅游城市的分布具有广泛性

主体旅游者的规律性活动使旅游城市的旅游人流具有稳定的聚散结构，而旅游者的个性行为则会使旅游者在旅游城市的分布具有广泛性。旅游者会因为自身兴趣、亲朋介绍和其他随机因素的引导而产生流动行为，并随机地分散在旅游城市的不同角落。这种特征在旅游城市、休闲旅游城市、度假旅游城市等中表现得更为明显，这对旅游城市安全规划是一个明显的挑战。当然，大部分旅游城市的旅游人流分布还是具有规律性的。

2.3 旅游者的行为特点具有复杂性

旅游者之间具有来源、性别、年龄、个性、习俗、爱好等人口统计方面的差异，在安全意识、安全知识、安全能力等安全素质上也存在不同，这使旅游者具有多样化的安全感和安全需求，需要不同层次的旅游安全资源进行覆盖和应对[23]。了解旅游者安全需求的差异性、层次性，是旅游城市安全规划的重要基点。

2.4 旅游城市的安全隐患具有多样性

旅游城市的安全突发事件覆盖了自然灾害、事故灾难、公共卫生和社会安全等事件类型。我国地域辽阔，不同地域、不同性质的旅游城市具有不同的灾难因素和安全隐患。比如，沿海城市容易遭受台风、暴雨、海啸的袭击，山地景区容易遭受滑坡、泥石流、山体崩塌等地质灾害的威胁，工业旅游城市面临工业污染、爆炸等事故灾难的影响（图1）。不同旅游城市安全隐患因素的多样性、特殊性及其对旅游活动的影响需要进行明确的界定，这是旅游城市进行旅游安全规划的前提。

3 旅游城市安全规划的主要任务导向

3.1 落实法规标准对旅游城市安全规划的要求

安全是旅游的基本要求。我国虽然没有专门针对旅游城市安全规

图1 厦门台风导致路边树木毁坏　　　　陈绍彪/摄

划的法律法规和标准，但是众多相关法律法规和标准体系对不同类型旅游城市的安全要求进行了专门的规范。比如，国家旅游局颁布的《旅游规划通则》GB/T 18971－2003要求旅游区的总体规划应"规划旅游区的防灾系统和安全系统的总体布局"[24]。《中华人民共和国城乡规划法》(2008年1月施行)规定，城乡规划应符合"防灾减灾和公共卫生、公共安全的需要"[25]。《中国优秀旅游城市检查标准》(2007年修订)对游客救助、规范执法、安保队伍建设、安全教育防范制度、紧急救援机构设置等提出了要求，并要求城市旅游景区安全设施齐备，且维护良好，无安全隐患[26]。《中国最佳旅游城市评定细则》对旅游城市中旅游场所的安全性与防灾能力、旅游景区的安全性和应对突发安全事故的设备与措施状况、旅游产业要素的安全性等都提出了评定要求[27]。此外,《历史文化名城保护规划规范》GB50357-2005对历史文化名城的"防灾和环境保护"也提出了明确的要求[28]。因此,落实法律法规和相关标准对旅游城市的安全规定与要求是旅游城市安全规划的主要任务。

3.2 对旅游城市的旅游承载空间进行安全分区

划分旅游城市的旅游区域、确定旅游城市的线路和产品结构、明确旅游要素和产品的空间布局与定位等是旅游规划的主要任务。在此基础上,对旅游景区资源点和旅游产业要素的承载空间进行安全分区则是旅游安全规划的主要任务。在对旅游承载空间进行安全分区时,要根据旅游城市的旅游者人流聚散结构、人流规模和安全风险类型进行综合考虑,分区的主要导向是均衡安全责任和安全任务,明确区域内安全责任主体的安全管理对象、安全管理内容和安全管理方式,以提高旅游城市的安全管理效率。

3.3 对旅游城市的安全隐患因素进行风险分级

风险分级是指旅游城市在旅游安全分区的基础上,对每一个旅游安全分区进行风险等级划定。旅游安全分区的风险等级主要根据风险概率和风险损失两个基本指标评价,以此确定风险发生时可能给旅游者和旅游城市带来的安全损失和灾难后果。旅游城市的风险分级可以方便管理主体以分区和分级为基础进行预案设置、系统建设和安全演练,从而提高旅游城市旅游安全与风险

管理的针对性,实现旅游城市的分级风险管理。在分级过程中,可以采用国家旅游局对旅游突发事件的分级标准[29],实施一级风险、二级风险、三级风险等分级方式;并对应实施一级防护、二级防护和三级防护等防护等级。风险防护标准需要根据不同旅游城市的情况具体划定。

3.4 建立完善的旅游安全服务与管理设施

旅游城市安全规划以旅游安全设施资源的空间布局与安排作为最终的工作任务。旅游安全设施资源包括旅游安全服务设施和旅游安全管理设施等不同类型的设施体系。旅游安全设施资源的部署既要从旅游者角度考虑安全服务效果,也要从管理人员角度考虑安全管理效率,要以"系统、完备、科学、高效"作为设施配置的基本原则。同时,旅游城市的安全设施系统并不是一个孤立的功能系统,旅游安全设施的配设要充分结合旅游城市的旅游安全与应急机制,与旅游安全应急预案实现对接,并充分考虑旅游城市公共安全系统与旅游安全系统间的有机互动关系,最大限度地在旅游城市公共安全设施系统基础上进行安全功能的集成和补充(图2)。

4 面向突发事件治理的旅游城市安全规划体系

4.1 面向突发事件治理的旅游城市安全规划要素体系

旅游城市的安全规划是一种功能性规划,其主要目的是建立旅游城市的旅游安全与应急体系,它有较为明确的安全功能指向。为实现这种功能指向,旅游城市安全规划需要对安全设施要素和基于设施要素的功能效果、规划布局、考察标准等所构成的要素体系进行统筹设计。

4.1.1 面向突发事件治理的旅游城市安全规划要素的功能结构

旅游城市的旅游安全应急体系既包括面向旅游者和旅游从业人员的安全与应急服务体系,也包括面向旅游安全管理人员的安全与应急管理体系,其功能主要是全过程地应对和处置旅游突发事件,具体包括突发事件的预防预备、监测预警、处置救援与恢复重建等任务结构。

旅游城市安全规划的功能结构与旅游安全体系的任务结构应该是对应和衔接的,以完成旅游安全服务和管理的综合目标。因此,旅游城市安全规划的面向功能结构主要包括旅游突发事件的预防预备、监测预警、处置救援和恢复重建四大结构层次。同时,建设旅游城市安全水平与应急的集成体系有利于提升旅游城市的综合安全水平与应急能力[30],提升旅游城市安全与服务体系的综合效率。当然,旅游城市安全规划需要通过设施要素的配置来对应和完成这些任务结构。

4.1.2 面向突发事件治理的旅游城市安全规划的要素类型

旅游安全设施系统是为对应完成旅游安全体系的任务结构而设置和布局的安全机构、组织与建筑等安全设施要素的总称。显然,旅游安全设施是旅游城市安全规划要素体系的载体,对旅游安全设施的功能效果、规划布局和考察标准进行

综合设定，是实现旅游城市安全规划的功能结构，完成旅游城市安全规划目标的基本方式。

在旅游城市安全规划的设施要素体系中，旅游突发事件预防预备的设施资源主要包括旅游安全咨询中心、旅游安全警示标示设施、报警求助设施、旅游呼叫中心和自驾车集散中心等设施类型；监测预警设施主要包括智能监测设施、智能报警设施和应急通信设施等；处置救援设施主要包括救援指挥平台、安全避难设施、安全救援设施、安全救援机构、医疗机构、应急能源设施等类型；恢复重建设施主要包括恢复阶段的应急能源设施、旅游场所专业设施维修机构、基础设施维修机构等类型；旅游综合应急平台则是综合各种应急事务处理工作的综合平台。

旅游城市安全规划的主要设施要素及功能效果、规划布局、考察标准等规划要素的设计要求如表1所示。

4.2 面向突发事件治理的旅游城市安全规划的编制体系

旅游城市安全规划的编制是一个系统工程，按照适用范围和面向对象可以区分为旅游城市总体旅游安全规划、旅游城市分区旅游安全规划和旅游城市分类旅游风险防护规划等规划层次。旅游城市可以按照需要设定规划层次，也可在总体安全规划中包含分区安全规划和分类风险防护规划等内容层次。

在具体编制过程中，旅游城市安全规划一般包括现状调研、目标设立、系统建设、设施规划和集成评估与优化等关键环节（图3）。

（1）现状调研。对旅游城市的背景结构进行现状调研，为规划编制提供现状认知基础。应从旅游产

图2 杭州旅游集散中心　　　　　　　　　　　　　　　　　　　　　　　　　　　　　　　余顺辉/摄

业要素分布、旅游流空间分布、旅游人流聚散结构等维度了解旅游产业的空间结构，并从旅游安全风险类型、旅游风险源分布和历史旅游安全事件的空间分布了解旅游城市中旅游风险的空间结构。此外，还应了解旅游者的来源结构、人口特征和安全需求特征等旅游者信息。

（2）目标设立。设立旅游城市的安全管理目标是进行旅游安全规划的前提，而安全分区和风险分级则是目标设立的基础。首先，应基于旅游产业的空间结构对旅游承载空间进行安全分区。通过对分区风险状况的风险概率和风险后果的综合评价，可以实现对旅游安全分区的风险等级划定。在此基础上，结合对公共安全状况的综合考察，可进一步确定旅游城市的总体旅游安全目标、明确旅游城市不同安全分区的管理目标，并可针对重大风险类型和风险源确立分类风险的管理目标。

（3）系统建设。根据设立的安全目标来进行功能定位，指引旅游城市的安全体系建设，明确旅游城市在旅游安全与应急中的服务水平和管理水平。通常，旅游城市完整的旅游安全体系应包括预防预备、监测预警、处置救援与恢复重建等功能模块和综合应急集成模块。旅游城市最基础的旅游安全体系应至少包括安全引导系统、安全避难系统、安全救援系统等三个核心模块，以实现最基础的旅游安全服务与管理功能。

（4）设施规划。根据旅游城市确立的安全体系功能进行具体的设施要素规划。在安全功能导向下，选择合适的旅游安全设施类型，明确其功能效果，并根据旅游城市的具体空间结构进行安全设施布局。同时应明确安全设施建设的具体标准，对安全设施的等级、数量、服务半径、响应速度等进行明确设定。

（5）集成评估与优化。对旅游城市安全规划的要素体系进行集成评估，同时结合安全目标和功能定位进行循环优化，并根据旅游安全规划的分类层次形成旅游安全规划的文本内容。在实践中，应该根据安全体系的运行效果和反馈信息进行规划修正，实现旅游城市安全规划的不断优化。

5 结论与讨论

（1）旅游城市安全规划是保障旅游安全的重要手段，是推动旅游城市科学应对和处置旅游安全突发事件的重要基础。目前我国的旅游城市安全规划是缺位的，这极大地影响了旅游城市安全管理的效率、效力和效果。倡导和加强旅游城市安全规划有利于推动我国旅游业的

表1 旅游城市安全规划的要素体系

旅游安全应急体系 \ 规划要素结构	设施要素	功能效果	规划布局	考察标准
旅游突发事件的预防预备体系	安全咨询中心	现场与媒介型安全咨询服务	旅游集散中心、景区游客中心	服务渠道、服务范围
	安全警示标识	安全提示、警示和引导	旅游流分布路径	语言种类、覆盖面
	报警求助设施	游客端的定位、报警、呼叫	旅游流的节点	语言种类、覆盖面
	旅游呼叫中心	呼叫接受、实时咨询	旅游城市游客中心	语言种类、服务范围
	自驾车集散中心	高峰期交通疏导	流量和交通路线	服务范围、车位数量
旅游突发事件的监测预警体系	智能监测设施	风险与治安状况监测、景区人流与容量监测	景区资源点、入口、广场、路径节点	监测点覆盖面、智能分析程度
	智能报警设施	游客现场预警、短信预警，面向应急平台的后台报警	景区入口、广场、节点、应急中心	覆盖面、智能分析程度
	应急通信设施（基于光纤、超短波等通信网）	应急通信保障，与旅游应急、公安消防等关联平台的通信	组网：基于需要 中继点：无干扰	传输距离、可靠性、应急防灾能力

续表1 旅游城市安全规划的要素体系

旅游安全应急体系 \ 规划要素结构		设施要素	功能效果	规划布局	考察标准
旅游突发事件的处置救援体系		救援指挥平台	信息搜集、关联和传输	应急中心	信息集成能力
	安全避难设施	绿地、广场	避难、疏散	景区内、场所周边	设施级别（中心型、固定型、临时型）、避难时间、人均面积、服务半径、配套能力
		公园	避难、疏散	旅游场所周边	
		停车场	避难、疏散、交通	旅游经营场所内和周边、景区内	
		应急交通	应急疏散交通	旅游场所内外	无危险源、防灾能力
	安全救援设施	救援道路	应急救援通道	旅游场所内外	无危险源、防灾能力
		救援交通工具	快速交通工具，如直升机	依托旅游城市应急交通工具	类型、数量、响应速度、响应范围
		应急停机坪	应急起降、应急物资流转	重点景区、城市公园	服务半径
	安全救援机构	搜救中心	山地搜救、水上搜救等专业搜救任务，监控、培训	基于需要	搜救设施、搜救队伍、专业能力
		公安消防机构	公共救援	所在行政区	队伍规模、5min响应
		公益救援机构	公益救援	分散	队伍规模、响应速度
		救助基金	提供应急处置的经费保障	既有	保障范围、上限额度
	医疗机构	急救中心、急救站、防疫站	应急医疗保障（急救、防疫）	所在行政区	医疗级别、诊治范围、急救时间、服务半径
		景区医院、医务室	现场应急医疗、协同医疗	景区游客中心	医疗级别、诊治范围、急救时间
旅游突发灾难的恢复重建体系	应急能源	应急电力	事故区域应急能源需求	旅游场所内	响应速度
		天然气等能源	恢复阶段生产生活能源需求	外部供应	恢复速度、稳定性
	设施维修机构	旅游场所专业设施维修	缆车等专业设施的救援处置工作，旅游设施功能恢复	分散	响应速度与响应距离
		交通设施维修	功能恢复	所在行政区	响应与恢复速度
		通信设施维修	功能恢复	所在行政区	响应与恢复速度
		水利电力维修	功能恢复	所在行政区	响应与恢复速度
旅游安全与应急的集成体系		旅游综合应急平台	预防预备、监测预警、处置救援，关联公安、消防、医疗等专业平台	旅游城市游客集散中心或另设	综合应急能力

安全发展，提升旅游城市的安全管理水平。

（2）旅游城市安全规划主要面向旅游城市的旅游者，并以规避和处置旅游安全突发事件为目标。由于旅游者在旅游城市的行为活动规律具有较强的特殊性和规律性，这使旅游城市安全规划不能等同于旅游城市的公共安全规划，它的编制工作需面对特殊的问题与挑战。

（3）旅游城市安全规划的任务体系是多元化的，它主要包括：落实法律法规标准对旅游城市安全规划的基本要求，对旅游城市的旅游承载空间进行安全分区，对旅游城市的安全隐患因素进行风险分级，建立完善的旅游安全服务与管理设施。

（4）旅游城市安全规划应服务于旅游城市的安全管理，并与旅游城市的安全管理系统保持无缝融合与衔接。为有效应对和处置旅游城

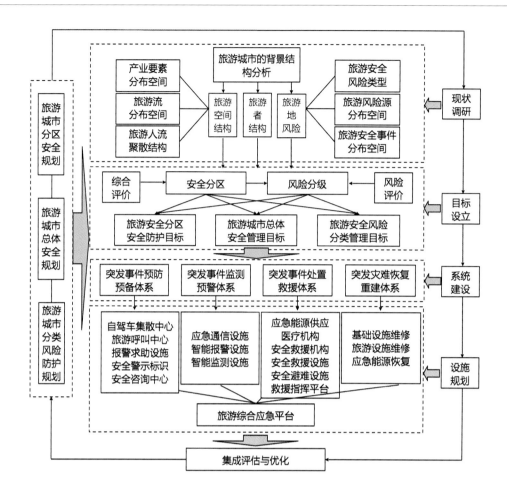

图3 旅游城市安全规划的编制体系

市的安全突发事件，旅游城市安全规划的功能结构应包括旅游预防预备体系、监测预警体系、处置救援体系和恢复重建体系四大结构层次，并通过相应的要素设施体系建设来对应和实现这些功能结构。

（5）旅游城市安全规划的编制是一个系统工程，按照适用范围和面向对象可以区分为旅游城市总体旅游安全规划、旅游城市分区旅游安全规划和旅游城市分类旅游风险防护规划等规划层次。在具体编制过程中，旅游城市安全规划一般包括现状调研、目标设立、系统建设、设施规划和集成评估与优化等关键环节。

参考文献

[1] ICRC. 1949年日内瓦公约及其1977年附加议定书的基本规则[Z]. ICRC, 1988 (2nd edition)：3 - 4.

[2] 顾林生, 张丛, 马帅. 中国城市公共安全规划编制研究[J]. 现代城市研究, 2009 (5)：14 - 19.

[3] 朱坦等. 城市公共安全规划编制要点的研究[J]. 中国发展, 2003 (4)：10 - 12.

[4] 牛晓霞, 朱坦, 刘茂. 城市公共安全规划理论与方法的探[J]. 城市环境与城市生态, 2003, 16 (6)：231 - 232.

[5] 牛晓霞, 朱坦. 城市公共安全规划模式的研究[J]. 中国安全科学学报, 2003, 13 (10)：1 - 3.

[6] 李彪. 城市安全规划的可视化技术研究[J]. 中国安全科学学报, 2003, 13 (11)：28 - 31.

[7] 同[2].

[8] 魏利军, 多英全, 吴宗之. 城市重大危险源安全规划方法及程序研究[J]. 中国安全生产科学技术, 2005, 1 (1)：15 - 20.

[9] 郭建. 气候变暖与城市公共安全规划[J]. 城市与减灾, 2008 (5)：32 - 36.

[10] 吴越, 吴纯. 基于城乡统筹的公共安全规划研究[J]. 中国安全科学学报, 2009, 19 (3)：62 - 66.

[11] 万汉斌, 冀永进. 复杂灾害危机下公共安全规划探索[J]. 规划师, 2011, 27 (8)：14 - 18.

[12] 冯凯等. 城市公共安全规划与灾害应急管理的集成研究[J]. 自然灾害学报, 2005, 14 (4)：85 - 89.

[13] Faulkner, B. & Vikulov, S Katherine. Washed out one day, back on track the next: A post mortem of a tourism disaster[J]. Tourism Management, 2001, 22 (4)：331 - 344.

[14] Murphy, Peter E. and Robin Bayley. Tourism and disaster planning[J]. Geographical Review, 1989, 79(1): 36 – 46.

[15] Sönmez, Sevil F. Tourism in crisis: managing the effects of terrorism[J]. Journal of Travel Research, 1999, 38(1): 13 – 18.

[16] Hall, C. M, Timothy, D. J., Duval, D. T.. Safety and security in tourism: relationships, management and marketing[J]. NY: The Haworth Hospitality Press, 2003: 1 – 340.

[17] Prideaux, B.. the Need use disaster planning frameworks to respond to major tourism disasters: analysis of Australia's response to tourism disasters in 2001[C]. in Safety and Security in Tourism: Relationships, Management, and Marketing(Eds:Hall etc al.). NY:the Haworth Hospitality Press, 2003: 281 – 298.

[18] Ritchie, Brent. Tourism disaster planning and management: from response and recovery to reduction and readiness[J]. Current Issues in Tourism, 2008, 11(4): 315 – 348.

[19] 谢朝武. 我国高风险旅游项目的安全管理体系研究[J]. 人文地理, 2011(2): 133 – 138.

[20] 李新娟. 山地景区旅游安全风险评价与控制[J]. 河南理工大学学报(社会科学版), 2010, 11(2): 158 – 161.

[21] 唐继刚. 鄱阳湖区旅游安全隐患防控策略研究[J]. 江苏商论, 2011(8): 123 – 125.

[22] 吴其付, 庞君. 旅游与灾害规划——以四川汶川"5.12"地震灾后旅游恢复重建规划为例[J]. 国际城市规划, 2011, 2(1): 100 – 105.

[23] 谢朝武. 旅游应急管理[M]. 北京: 中国旅游出版社, 2013.

[24] 国家旅游局. 旅游规划通则(GB/T 18971 – 2003)[Z]. 国家旅游局, 2003.

[25] 全国人民代表大会常务委员会. 中华人民共和国城乡规划法(2008年1月施行)[Z].

[26] 国家旅游局. 中国优秀旅游城市检查标准(2007年修订)[Z]. 国家旅游局, 2007.06.

[27] 国家旅游局. 中国最佳旅游城市评定细则(修订版)[Z]. 国家旅游局, 2006.07.

[28] 中华人民共和国建设部、中华人民共和国国家质量监督检验检疫总局. 历史文化名城保护规划规范(GB50357-2005)(2005年10月施行)[Z]. 北京: 中国建筑工业出版社.

[29] 国家旅游局. 国家旅游局旅游突发公共事件应急预案(简本)[Z]. 国家旅游局, 2005.07.

[30] 冯凯等. 城市公共安全规划与灾害应急管理的集成研究[J]. 自然灾害学报, 2005(4): 85 – 89.

水陆多标融合、传承发展统筹的港口工业城市更新途径：德国汉堡案例

Multiple Target Integrated and Preservation-Development Coordinated Approaches for Port Industrial City Renewal: A Case from Hamburg, Germany

文 / 胡文颖 汪 芳

【摘 要】

工业文明时期，一批港口工业城市得到发展。时至今日，全世界范围内的港口工业城市大多都面临转型发展的问题。德国汉堡的城市更新活动，使得一个以航运、工业为主导的港口工业城市，成功转型成为由商业、科技、文创和旅游产业等共同支撑发展的综合型城市，再现了城市活力。在总结汉堡城市更新范式和建设经验的基础上，本文同时对其城市更新活动所带来的绅士化现象等进行反思，以期为港口工业城市的转型提供借鉴。

【关键词】

港口工业城市；城市更新；产业转型；文化旅游；绅士化；德国汉堡

【作者简介】

胡文颖　北京大学建筑与景观设计学院/中德城镇化与地方性研究实验室硕士研究生
汪　芳　通讯作者，北京大学建筑与景观设计学院教授，中德城镇化与地方性研究实验室主任

注：本文图片除标注外均由北京大学中德城镇化与地方性研究实验室提供。

1 引言

世界上有许多著名的港口工业城市，如德国汉堡、中国上海、日本东京、韩国釜山、美国旧金山等。它们是随着工业革命带来的水陆运输发展，部分地区利用其自然和交通区位优势，形成以港口为载体，交通运输系统为动脉，工业、贸易等产业为支撑的港口工业城市[1]。由工业社会步入后工业社会，许多国家都经历了多次产业结构调整，第三产业占比增高，随之而来的便是传统工业和制造业的没落，因此大部分港口工业城市都面临着产业功能转型和城市复兴的问题[2]。世界上的港口工业城市大致可分为港城分离型、港城一体型两种[3]，汉堡是典型的港城一体型。

国外较早开始的对滨水区再开发(waterfront redevelopment)的研究，也被表述为滨水区复兴(waterfront revival)或再生(regeneration)[4]，指的是"老的工业和商业用途的滨水区被新的服务、居住、设施和休闲用途重新占据的过程"[5]。通常会在原有基础上对港区部分设施进行改造和更新，也常伴随着城市功能的改造或升级[6]。城市更新的概念可以分为狭义和广义两种。狭义上来讲，主要指城市物质空间的改造和环境的提升；广义上理解则不仅包含了物理空间的改造，也包括经济、文化、社会等多方面的内容[7]。城市更新是"城市化所必然经历的城市再开发过程，其动因机制、方法模式、结果效应等不断涌现各种复杂的演化形式"[8]。解决老城区衰败问题的首要途径逐渐由以物质空间改造项目为核心演化为长期的综合性城市复兴策略[9]。

国外许多港口工业城市通过对老港区进行工业和商业重振或者引入娱乐休闲产业的方式对港区进行彻底改造[10]，提升土地综合利用价值，其重点在于重构产业体系并突出地方特色[11]。由于港口工业城市大多历史悠久，老城区内遗留大量的历史建筑和工业遗产，转型发展遗产旅游和文化创意产业等便成为其中一种常见的城市更新途径[12]。这种产业和功能置换引发的经济复兴和资本流动，也会带来相应的社会响应，比如阶层置换和绅士化现象等[13]。这些现象又引发了新一轮关于城市更新和政策管理方面的讨论和思考。

德国汉堡是一座典型的内海港工业城市，为汉萨同盟成员，是北德地区重要的工业中心和交通枢纽，也是西欧、北欧、东欧之间的门户，拥有欧洲最大的港口之一——汉堡港。汉堡城市更新的特点是以可持续理念为指导，运用现代城市设计理论，为不同的城市滨水区域制订不同的更新方案。典型的建设案例包括哈尔堡内港(Harburg Inland Port)、港口新城(Hafencity)、"珍珠项链"(Pearl necklet)、威廉斯堡(Wilhelmsburg) "跨越易北河"计划等。其滨水区的更新活动涵括从城市总体开发策略的宏观层面到具体历史建筑改造利用的微观层面的完整链条。本文对汉堡滨水区的城市更新案例进行不同层面的深度剖析，提炼其城市更新的典型范式和转型经验，从"蓝绿融合""新旧融合"和"产城融合"三个方面进行总结，同时也对由产业转型所引发的绅士化现象进行反思，希望能为中国港口工业城市的城市更新提供借鉴。

2 水陆多标融合

2.1 可持续理念指导下的城市规划

2.1.1 圈层式土地利用布局

汉堡城市结构呈现沿轴线放射而形成的环形圈层布局，在城市周边另设有24个卫星城镇。汉堡城市可

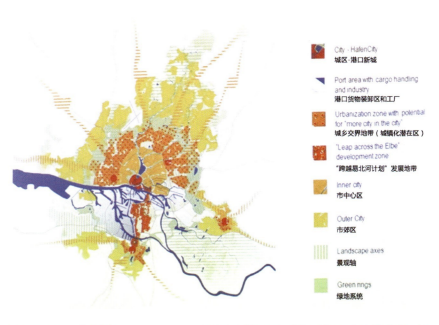

图1 汉堡城市土地利用图　　　　　　图片来源：汉堡城市发展与住房部，区域和城市规划办公室

以分为南部的港口区域即市中心区，沿主要水道布局港口和工业设施等；以及北部的湖区，以阿尔斯特湖（the Alster）为核心，沿湖布置住宅、办公场所、绿地等；在城市发展区和外城之间则为大型的环状绿地（图1）。从卫星图（图2）上可以看出，汉堡空间布局的最大特点便是"蓝绿交融"，城市内部有长达60km的水道以及2625hm^{2}的公园和墓园。城市整体土地利用中，24%为农业用地，8%为水域，7%为森林，8%为自然保护区，23%为风景保护区[14]。水系、绿地、建筑比例基本保持1：1：1，政府部门遵循可持续发展理念，严格限制新的土地开发利用，保护自然基底。

图2 汉堡城市卫星图　　　图片来源：Google Earth

2.1.2 长效稳定的规划思想

自1919年起，汉堡便开始进行城市总体规划，其主要的规划思想一直延续至今，其后所有的城市规划建设方案都严格遵循可持续理念，各街区和项目规划也都保持着相对稳定性，短期的规划目标基本都是按照长效发展的思路进行。汉堡于20世纪末开始转变向外扩张的发展方式，拟对中心老城区进行有序的城市更新，主要项目集中在易北河沿岸滨水港口地区。1997年汉堡政府成立了港口和经济中心发展公司（2004年更名为港口新城有限责任公司）[15]，1999年通过国际竞赛确定了总体规划，2001年初开始开工建设，经过数次调整，直至2010年才形成目前完整的规划方案[16]。其总体规划构建了整个项目的目标导向和基础框架，发展思路包括保持历史城区和新城区风格一致性，确保滨水活动空间和滨水建筑防洪功能，坚持可持续发展和生态保护策略，等等。

2.1.3 公私合作的开发方式

德国城市更新与国内以政府为决策和推动力量的方式不同，采用的是公私合作的城市开发机制，是由政府主导，设计方竞标，投资者开发建设。规划设计方案由政府部门和公众投票确定，不以经济回报为唯一衡量标准，而是必须符合城市整体发展目标。投资者需要先请设计公司对竞标地块进行规划设计，方案通过审批、得到建设许可之后方可开工建设，但如果投资者在获得建设许可后闲置土地或者有其他投机行为，其土地开发建设权限可能会被随时收回。在资金方面也是公私合作，例如整个港口新城项目建设即采用公私合营（Public-Private Partnership，PPP）模式，总投资额的80%由私人公司提供，20%由政府提供，这些资金将投入城市各项基础设施建设中[17]。权责清晰、各司其职、公私合作、互利共赢的方式是城市更新有序进行的重要保障。

2.1.4 分期有序地进行建设

汉堡的城市更新在时序上十分重视分阶段的成果，而不是盲目追求建设速度和经济效益。例如在港口新城项目中，根据自然、社会、经济条件等分时期、分区块逐步进行开发，整个项目被划分为8个部分，既各自独立，又相互关联，全部有序地改造完成大约需要20年时间，共有约90个项目，每个项目全部单独进行招标[18]。这样既可以保障项目建设的质量，又可以在建设过程中根据新的发展需求和变化等进行调整，保证各自的独立性和前后一致性。

2.2 绿色的城市空间设计手法
2.2.1 完善的城市公园和绿道系统

绿，是汉堡城市设计的永恒主题，2011年欧盟将汉堡认证为"欧洲绿色之都"。大面积的绿地和纵横贯通的运河水系使汉堡成为德国绿化率最高的城市，全市绿化覆盖率在56%以上，拥有120多座公园，21.5万棵城市树木，城区范围内有40%以上的面积为耕地、园畦、草地、牧场、疗养区、街心花园、森林、沼泽和荒野等[19]。汉堡的绿色景观也与当地

图3 德国汉堡扎哈·哈迪德设计的防波堤"河滨长廊"

图4 德国汉堡易北河畔的浮桥　　　　　　　　　　　　**图5** 德国汉堡易北河畔的浮动码头

居民对环境保护强烈的责任感密不可分，有上千棵行道树来自市民的直接捐赠。面对气候变化和海平面上涨所带来的恶劣影响，汉堡还提出了长达20年的"绿色网络计划"（Gruenes Netz），旨在将占地面积约6880万 m^2 的城市中心改建成一个多功能绿色城区，消除过多的机动车辆，将硬质空间重新开发成公园、广场等绿色休闲区，提供游憩、露营、烧烤等功能。各个休闲区通过绿道连接在一起，绿地系统直通城市居民的家门口，居民出行可以自由选择步行、骑自行车或者乘坐专用公共交通工具。

2.2.2 弹性防洪的滨水空间

除绿色的主调外，汉堡还有着亲水的一面，水体区域面积占据主城区的1/3以上，滨水公共空间承载着汉堡市民大部分的户外活动。历史上，汉堡曾多次遭遇洪水侵袭，为此城市规划师重新思考人和水的关系，在易受潮汐侵袭的地方加固防波堤，著名建筑师扎哈·哈迪德的"河滨长廊"（River Promenade）便是其中的代表作（图3）。在港口地势低的地方建设浮岛码头，桥梁和地面都可以随水的涨落而起伏（图4、图5）。除港口以外，在滨水商街、广场等公共活动区域抬高地面，使其高于水位8~9m，同时也考虑在洪水期可以被短暂淹没的可能（图6）。滨水建筑首层只允许作为公共用途，如商业、餐厅等，且外立面无论是玻璃墙还是水泥墙都必须满足一定的防洪标准，建筑二层一般也会设有大平台，可以在汛期洪水时成为临时出入口（图7）。

2.2.3 绿色环保的城区建设

汉堡于2015年开始实施"绿色屋顶"项目，目的在于增强环境保护

图6 德国汉堡可淹没的滨水广场

图7 德国汉堡底层架空的滨水住宅

各地的设计师通过参加国际竞赛设计了各种绿色科技建筑，除了在建筑造型上形态各异之外，还采用各种先进的技术，如太阳能电池板、燃料电池、热电联产机组、热泵和生物可再生能源等，有效降低二氧化碳排放量[20]。未来，汉堡市其他城区也将推广运用低碳环保理念，用绿色科技进行建筑设计和建造。

3 传承发展统筹

3.1 新旧建筑功能和风貌的融合
3.1.1 世界遗产旅游开发

汉堡距今已有1250年的发展历史，是德国最古老的城市之一。2015年，"汉堡仓库城和包括智利之家在内的船运大楼"（Speicherstadt and Kontorhaus District with Chilehaus）被列为世界文化遗产，这是汉堡的第一项世界文化遗产。1885年至1927年间建成的17座30万 m^2 的哥特式红砖结构建筑群立于易北河两岸（图8），是世界上最大的港口仓库街区之一[21]。早在1991年，这里就被划为历史保护纪念区，特色风貌得以延续。原来的一部分商业用途被保留，而大部分则经过改造，为服务性行业提供场所，如餐馆、咖啡馆、剧院等。新功能的置入一方面提升了地区活力，另一方面提升了旅游吸引力，使仓库城成为汉堡市重要的旅游景区。现在的仓库城内部已经建成仓库城博物馆（图9）、汉堡微缩景观世界、汉堡鬼屋等著名景点。

3.1.2 文化地标形象重塑

如今，汉堡最著名的公共建筑莫过于屹立于易北河畔的易北爱乐厅（Elbphilharmonie）（图10、图11）。

效果、改善城市小气候及美化城市景观。改造后的屋顶可以利用太阳光能和热能使建筑物的能耗降低，此外绿化装点后的屋顶还可以成为儿童玩耍的场所，部分建筑顶层被设计成幼儿园的室外活动场所。汉堡市政府投入部分资金资助了第一批公共建筑改造，对于民众有意愿进行改造的，政府也会进行补贴。港口新城处于汉堡的核心和枢纽位置，对功能混合和高质量建设的要求极高，也是汉堡高科技绿色城区的缩影。来自世界这座建筑由赫尔佐格和德梅隆事务所设计，建筑高110m，有音乐厅3个，座位数2870个。底部为1875年建造的红砖结构货栈码头仓库（"二战"后重建），现在仅保留红砖外墙，内部有1761根地桩被打入河床，来支撑上部新建巨型玻璃结构的重量，外围波浪形的玻璃幕墙在天空的映照下反射出水晶般的光泽[22]。易北爱乐厅自2007年开始建设，至2017年1月正式对外开放，因为有政府补贴，故门票低廉，各个阶层的人们都可以走进这里活动。距离地面37m高处为360°的全景观景平台，在此处眺望汉堡城市中心，视野极佳。易北爱乐厅造型独特，如一艘扬帆的航船，又如一只轻巧的白鸽，如今已经成为汉堡新的精神象征和城市地标。

3.1.3 新旧一致的建筑风貌

汉堡的老城区围绕汉堡港形成，19世纪开始跨过河流向西扩张。老城区内，历史建筑和现代建筑错落有致，传统风貌保护完好，极具城市特色（图12、图13）。易北河北岸的米歇尔大教堂是德国北部最重要的巴洛克风格教堂，也是汉堡地区的标志和象征，登上教堂钟塔塔顶，可以将汉堡市及其港口的风光尽收眼底（图14）。受政策影响，老城区的城市天际线保护完好，6个高耸的尖顶分别为5座钟塔和1个市政厅。新建筑受严格的色彩、材料、高度等导则控制，在色彩上以红、棕、褐等颜色为主，在用材上与传统红砖材料相仿，在高度上分区域对新建筑进行限制，但对建筑形式和建造手段不进行限制。这些做法既保护了历史城区风貌的完整性，也可以使人们很清晰地分辨出新、旧建筑或者同一建筑的新

图8 德国汉堡仓库城历史建筑

图9 德国汉堡仓库城内博物馆

旧部分，实现了传统与现代的有机结合。

3.2 新旧城区整体空间的融合
3.2.1 丰富便捷的水陆交通系统

汉堡整个城市具有非常丰富发达的水陆交通运输系统，易北河及其支流将城市划分成若干区域，市内共有近2500座桥梁，超过伦敦、威尼斯、阿姆斯特丹三地的总和[23]。历史上，汉堡自由港区的兴建使汉堡内城与易北河之间失去了联系，而港

图10 德国汉堡易北爱乐厅外景

图11 德国汉堡易北爱乐厅内景

图12 德国汉堡市中心的历史建筑

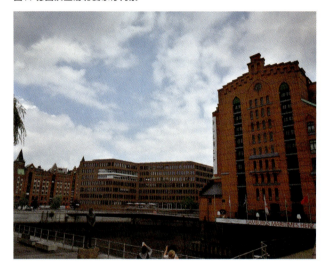
图13 德国汉堡市中心的新建建筑

图14 德国汉堡米歇尔大教堂钟楼顶眺望港口全景

口新城的建设目的便是重新将内港与市中心连接起来,通过架设多座公路桥将两岸进行连接,使城市交通网络直接延伸到区域内部[24]。几乎所有汉堡市居民在出门不到300m的地方就能享受高服务质量的公交系统。到2040年,汉堡将再次扩展城乡间的快速交通换乘系统,使城市与郊区联系更加紧密。水上交通方面,传统码头被重新利用,作为水上游览的船只停靠点,汉堡的水上游览环线每天定时往返于10座栈桥,途中停靠点包括港口博物馆、仓库城区、港口新城、船上博物馆等景区和景点。汉堡便捷的水陆交通不仅连接了新旧城区，也方便了市民出行和游客游览。

3.2.2 跨越城市尺度的南北贯通

威廉斯堡"跨越易北河"项目是汉堡一项极具远景和雄心的规划，其目的是将汉堡城市南北区域进行贯通，形成从哈尔堡内河港到汉堡市中心的南北大轴线[25]。威廉斯堡是易北河南岸的一片区域，位于易北河北侧的汉堡老城和南侧的哈尔堡老城之间，虽然不算郊区，但相比于市中心，其经济和基础设施建设都相对落后，失业率、犯罪率是市区的两倍。该区域1962年曾受大洪水的侵害，原住民被迫搬离。从20世纪起，大量来自波兰、土耳其等国的移民在此定居，现在约有来自100多个国家的5.5万移民，其中大多数为年轻人。混合居住是该地区最鲜明的特色，"跨越易北河"计划意在改善区域内的人居环境，吸引更多城市居民来此定居。2013年，汉堡在此举办了国际建筑展（IBA）和国际园艺展，主题为"城市和气候变化"，该展览是汉堡为应对环境问题而进行的创新实验性项目[26]。目前已有大量建成项目获得成功，尤其是针对垃圾处理和环保能源供应方面的高科技项目，并在整个城市范围内对其进行了推广。居住环境的改善和就业机会的增加使威廉斯堡地区的活力获得稳步的提升。

4 产城融合

4.1 老港区"以产带城"促进转型
4.1.1 高科技产业和人才引进

哈尔堡内河港地区实施了由港口工业区向高科技产业园区转型的典型城市复兴项目。哈尔堡区位于汉堡东南部易北河的南岸，曾经是一座独立的城市，诞生于700年前的中世纪时期，原来主要以手工业和贸易为主，工业革命以后开始发展植物油、橡胶、金属加工和制造业。南北铁路线紧邻内城穿过，东火车站修建于此。依托内河港和铁路同时存在的便利的水陆交通运输条件，哈尔堡逐渐发展壮大，20世纪初曾是最大的工业贸易城市之一。"二战"以后，哈尔堡城市的60%被毁，于20世纪60年代、70年代重建。时至20世纪90年代，铁路废弃，工业区搬走，失去工业中心地位之后，如何转型发展成为哈尔堡面临的主要问题。由于该区域建筑大部分也为工业遗产，属于保护建筑，政府曾多次举办城市设计竞赛，以求最优方案。最终，哈尔堡于20世纪90年代开始内港改造项目，至今仍在进行中，但转型已初见成效。规划部门首先分析了区域具备的优势，包括：①交通系统发达；②与水相邻；③曾为海上货轮港；④区域面积没有明确限制；⑤地价比较便宜。据此制订的目标是：建设一个沿水的高科技产业园区，同时提供工作岗位和住房（图15）。项目顺利开展主要依靠以下三个基石：①依托邻近的哈尔堡理工大学，吸引研究人才，促进科技创新；②这是一个实验性的城市设计项目，重视公众参与，必须缓步推进；③目标是在这里建一个微电子产业园区，发展电路、软件、信息和媒体产业。最终这三方面造就了哈尔堡内港新的时代，已有70多家单位提供了超过3000个工作岗位。

4.1.2 港岸建筑的功能重置

易北河北岸地区曾存在两个港口，即现在的汉堡中心区和它西侧的阿尔托纳区。随着20世纪60年代末货物转运集装箱化，港口装卸逐渐转移到拥有现代化装卸设备的易北河南岸地区，易北河北岸西侧近郊老港区的传统型港池和码头设施开始衰退。20世纪80年代初，易北河北岸地区的土地便呈现多样混合态势，其港岸滨水建筑的年代从19世纪中叶到"二战"后时期不等，后来在该地区推出了一项针对易北河北岸建筑重新开发的导则，希望形成一个将工作、居住、购物、公服、文化、旅游在港口边缘区相互联系在一起的城市滨水功能带[27]。该地区后来被称为"珍珠项链"（图16），这是对沿河长廊丰富多彩、功能各异建筑的一种隐喻。现在易北河岸的土地已经明显增值，人们更多会把易北河滨水沿岸与风景观光、休闲旅游、文化创意等提高生活品质的内容联系在一起。

4.2 新区"多元混合"集聚发展
4.2.1 城市功能混合布局

占地157hm²的港口新城项目是欧洲最大的内城开发项目，也是汉堡最重要的城市更新项目。到2025年，此处将建成大型城市新区，新增建筑232万m²，建成7000套住宅，可供1.4万名居民居住，提供4.5万个工作岗位[28]。项目在规划之初便确定了产业区与生活区相融合的模式，政府规定港口新城内80%的项目必须同时满足办公、居住和公共使用功能[29]。港口新城打破了市中心单一的商务和购物区格局，除写字楼、

图15 德国汉堡哈尔堡历史建筑改造成的高科技孵化器

图16 德国汉堡易北河滨水港岸景观

住宅、商铺，还建有音乐厅、博物馆、学校、酒店、公园、游轮码头等配套服务设施，可以同时实现居住、零售、餐饮、商务、休闲、旅游、文化等混合功能。产城融合的发展模式不仅可以提高单位土地的利用率，也可以减少市民的通勤成本，形成舒适的步行街区，发展环保社区。

4.2.2 经济业态多元发展

对于汉堡来说，港口的产业和经济在变得多样化的同时，地方经济对港口本身的依赖性逐渐趋向衰弱。汉堡没有随着城市转型而完全"去重工业化"，而是"实现了从码头服务、集装箱堆场、仓储服务等下游产业到航运融资、海事保险、航运专业机构等上游产业的迈进"[30]。同时汉堡市政府着力培育新兴绿色、信息、文创产业，努力调整港口经济产业和现代服务产业的比重，实现城市竞争力可持续增长。汉堡目前拥有非常高的国民生产总值，城市配套文化休闲设施丰富，还会定期举办各种节日，如易北爵士节、港口狂欢节、文学节等，有大量从业者从事媒体、出版、广告、音乐、艺术等领域的工作；此外，汉堡还拥有德国最多的创意产业人才[31]，这些产业所带来的旅游效益都非常可观。

5 总结和反思

汉堡从800多年前的汉堡港发展为现在著名的国际大都市，成功完成了从单一港口经济向物流贸易为主、文创旅游为特色、多元产业共同发展的转型，而这离不开可持续发展的城市规划理念和在此指导下所进行的各类城市更新活动。在对汉堡的城市更新项目进行总结之后，本文提炼出"蓝绿融合""新旧融合"和"产城融合"三个关键词，并对各种城市更新的典型范式分别进行了阐述。

汉堡的老城区以商业、居住和旅游为主，因为其转型发展成功，到目前仍然是汉堡的城市中心，周边各个老港区或滨水带的城市更新项目使整个城市发生了翻天覆地的变化。不仅出现了新建的产业园区、保障房和高端住宅，也建成了各种公园、度假酒店、剧院、音乐厅和博物馆等。在历史建筑保护区，无论是历史悠久的厂房建筑还是曾遭废弃的港口建筑，工人们基本迁出，艺术家、创意者、高收入群体、高学历人才不断入驻其中，高科技和文化创意产业蓬勃发展。城市更新后，区域内出现明显的阶层变化，人群的流动与产业的置换导致了典型的绅士化过程。

若干年前，汉堡已经发现这种变化并开始对其优缺点进行讨论。对绅士化过程的讨论，通常会将地价上涨、原住民搬离等归咎为其带来的负面影响，但正是这些创意人才通过各种文化活动、艺术手段和创新策略提升了整个地区的活力，同时也吸引大量游客慕名而来，改变了当地原本的经济结构及提高了居民的生活水平。因此对绅士化过程不能一概而论，从负面意义上理解，这引发了社会分异现象；而从正面意义上理解，则是城市复苏的过程。

汉堡的绅士化过程可以说涵盖了休闲旅游带动型、文化创意空间型和高端地产开发型等不同发展类型。随着土地资源紧缺，中国也开始大规模推行对城市存量空间的改造更新，在借鉴成功经验的同时，应该尽量避免绅士化过程带来的负面影响，促进区域内各阶层的社会融合。只有加强政策管控、保障社会福利、避免物价和租金上涨、提供多样化的就业机会，才能在改善人居环境的同时维持社会公平。如何处理好生态、经济、社会三者的关系，始终是未来港口工业城市进行城市更新时需要思考的核心问题。

致谢

中德城镇化与地方性研究实验室（the Sino-German Joint Laboratory on Urbanization and Locality Research, UAL），由北京大学建筑与景观设计学院、德国莱布尼兹汉诺威大学建筑与景观学院联合设立。此次参加调研的中方成员包括汪芳教授、李双成教授、吴必虎教授，研究生刘清愔、路丽君、胡文颖、贺靖、林诗婷、何昊，他们为本文提供了照片。同时，德方成员Martin Prominski教授、Rüdiger Prasse教授、Carl Herwarth von Bittenfeld教授及其团队，为本研究提供考察安排和素材收集。

基金资助

中德双边合作研究项目（GZ1201，由中国国家自然科学基金委员会NSFC、德国科学基金会DFG共同设立的中德科学中心资助）。

参考文献

[1] 赵鹏军, 吕斌. 港口经济及其地域空间作用: 对鹿特丹港的案例研究[J]. 人文地理, 2005, 20(5): 108-111.

[2] 王海壮, 栾维新. 20世纪60年代以来海港城市研究进展[J]. 地理科学进展, 2011, 30(8): 995-1005.

[3] Cerceau J, Mat N, Junqua G, et al. Implementing industrial ecology in port cities: international overview of case studies and cross-case analysis[J]. Journal of Cleaner Production, 2014, 74: 1-16.

[4] 同[2].

[5] Hoyle B S, Pinder D. Cities and the sea: change and development in contemporary Europe[J]. European Port Cities in Transition, 1992: 1-19.

[6] Millspaugh M L. Waterfronts as catalysts for city renewal//Marshall R. Waterfronts in Post-industrial Cities[M]. London: Taylor & Francis e-Library, 2004: 74-85.

[7] 翟斌庆, 伍美琴. 城市更新理念与中国城市现实[J]. 城市规划学刊, 2009(2): 75-82.

[8] 严若谷, 周素红, 闫小培. 西方城市更新研究的知识图谱演化[J]. 人文地理, 2011(6): 83-88.

[9] 罗翔. 从城市更新到城市复兴: 规划理念与国际经验[J]. 规划师, 2013, 29(5): 11-16.

[10] 徐永健, 阎小培. 北美城市滨水区开发的经验与启示[J]. 城市规划, 2000(3): 23-25.

[11] Oakley S. Working port or lifestyle port? A preliminary analysis of the Port Adelaide waterfront redevelopment[J]. Geographical Research, 2005, 43(3): 319-326.

[12] 申玲, 张昉. 国外港口工业建筑遗产的更新式保护[J]. 工业建筑, 2012, 42(1): 70-73.

[13] 洪世键, 张衔春. 租差、绅士化与再开发: 资本与权力驱动下的城市空间再生产[J]. 城市发展研究, 2016, 23(3): 101-110.

[14] 哈娜.森林之堡 – 享尽绿色生活[J/OL]. (2016-03)[2018-04-26] https://www.hamburg-tourism.de/

[15] 张曙. 再现城市活力的港口改造——德国汉堡港口新城规划简评[J]. 新建筑, 2005(1): 28-31.

[16] Hafencity: dialog between old and new[EB/OL]. (2016)[2018-04-26] https://www.hafencity.com/en/overview/hafencity-dialog-between-old-and-new.html.

[17] 同[16].

[18] 同[16].

[19] Hamburg: Green Capital 2011[EB/OL]. [2018-04-26] https://www.hamburg.com/green/.

[20] 陈挚. 城市更新中的生态策略——以汉堡港新城为例[J]. 规划师, 2013, 29(s1): 62-65.

[21] Speicherstadt and Kontorhaus District with Chilehaus[EB/OL]. (2015)[2018-04-26] http://whc.unesco.org/en/list/1467.

[22] Discover of Elbphilharmonie[EB/OL]. [2018-04-26] https://www.elbphilharmonie.de/en/elbphilharmonie.

[23] 同[14].

[24] Dirk Schubert. 汉堡港岸地区的转型过程[J]. 于靓译. 国际城市规划, 2006, 21(1): 1-11.

[25] 同[24].

[26] Holistic neighbourhood development [EB/OL]. (2013)[2018-04-26] https://www.iba-hamburg.de/en/iba-hamburg-gmbh/skill-set/holistic-neighbourhood-development.html.

[27] 同[24].

[28] 同[16].

[29] 同[15].

[30] 林兰. 德国汉堡城市转型的产业—空间—制度协同演化研究[J]. 世界地理研究, 2016, 25(4): 73-82.

[31] Rainer Müller. 德国汉堡的创意城市发展策略[J]. 刘源译. 国际城市规划, 2012, 27(3): 25-29.

The Hotel as Third Place: Integrating the Hotel and Workshare Space to Create a New Concept in Hospitality

作为社交场所的酒店：融合酒店与共享办公空间，创建接待业新概念

文 / Paul Matthew Wiste　Mimi Li

【Abstract·摘要】

The objective of this paper is to explain how a hotel can become a social space (a Third Place) within the local community through the introduction of a Workshare (Second Place) into the property.

市场环境的不断变化使得越来越多的酒店将目光转向本地市场，城市精品酒店尤其明显。如何更好地为本地社区提供多样化的产品和服务成为城市精品酒店关注的话题。本文提出将共享办公的概念应用于酒店原有的商务中心和大堂、餐厅、健身房等公共空间，营造第三场所，赋予城市精品酒店更多的社交功能。

【Keywords·关键词】

urban hotel;third place;workshare space;local community

城市酒店；第三空间（社交空间）；共享办公空间；本地社区

【Biographical notes·作者简介】

Paul Matthew Wiste　a British registered Architect through the Royal Institute of British Architects (RIBA)

Mimi Li　an Associate professor at The Hong Kong Polytechnic University.

Notes:All images are provided by The Working Capital (Singapore) Pte. Ltd.

Introduction

Since the emergence of the boutique hotel in the 1980's by Bill Kimpton and Ian Schrager (in San Francisco and New York respectively), hotel design strategy has been increasingly focused on attracting the neighborhood community to use the public spaces within the property. This approach was intended to create a more vibrant atmosphere within the public spaces for visiting guests by providing them with an authentic experience typical of the destination city. This is attractive to traveling guests because many want to be able to experience the soul of their destination and neighborhood. It is appealing to the local community because it provides them with a social hub to congregate in. To achieve this ambition, hotels were designed to offer local cuisine, art, and culture, so that the guests would be able to have an understanding of the locale. This approach was that by bringing the local community into the hotel, the influence of their culture and community animates the public spaces.

It is important to attract local patronage for the hotel to generate additional revenues from an alternative market. However, as hotels primarily cater to a transient group of travelers, they struggled to attract the local community in, who preferred Third Places that had a more familiar and consistent group of patrons.

The Third Place was a concept developed in 1989 by the sociologist Ray Oldenburg that describes a social space where people spend between their homes (the First Place) and place of work (the Second Place). he Third Place is a space that attracts a regular group of people and is typically located within a public space (such as a bowling lane, pub, cricket club) where people go

Figure 1 The Working Capital cafe

Figure 2 The Working Capital work space + dining

to socialize with their friends and peers.

In today's environment and in traditionally designed hotels, hotels rarely are able to successfully attract a constant local patronage. In some cases, this could occur in isolated spaces such as a signature restaurant or distinctive bar. However, local patronage across the entire set of public areas is extremely rare. The reasoning for this is quite simple——because hotels have been traditionally designed not for the local community but for the travellers. As the Third Place is the place where local community members congregate with each other, these spaces have not focused on appealing to the local community.

The Past, The Present, and The Future

The traditional workplace has remained unchanged for centuries as a static place, occupied by a single company (or organization) within a defined environment. However, with the recent emergence of the workshare space, the definition of this Second Place has begun to blur and quickly adapt to become a shared working space that offers communal Third Place zones. A workshare space can be described as office facilities sharing arrangements between individuals and small businesses.

It has been industry standard to design Four and Five-star hotels with a Business Centre. Prior to the advent of the Internet, these spaces could be active with guests using the facilities for their typewriters, photocopiers, fax machines, local telephones, meeting rooms, etc. Yet, since the introduction of the Internet into our global culture, guests have been able to perform their business tasks within the privacy of their hotel room. This has resulted in the Business Centre (or library) becoming the appendix of the hotel; always there but without a use (and not generating sufficient revenues). As the Business Centre was perceived as a requirement to have but not as a revenue generating space, there was very little focus and evolution in this area.

Hotels are excellent at running hotels but their main focus is on guest rooms, with food and beverage perceived as providing supplementary revenue streams. Behind this the Wellness facilities (Spa and Fitness) are also seen as potential revenue generators, with much research and strategy dedicated to generating further revenue from these areas. A clear indication of this would be the proliferation of Spa + Wellness development resources as full time employees of hotel operators, while it would be extremely rare for an operator to have dedicated resource to provide support to the Business Centres within the portfolio.

By replacing the traditional Business Centre with workshare spaces to creating a new Second Place to attract the local community, it becomes possible to attract the local community and create a Third Place. This would enable the hotel to evolve to providing a relevant point of focus for the local community and generate attraction to develop the public spaces into Third Places. A workshare space would in turn generate additional untapped revenue streams while also creating a more local experience within the hotel for the guests. This will require a shift in the way that the hotel is perceived locally from a traditional place of lodging into a workshare space that offers accommodations as well as a change in their mindset and accept a new marketplace and new reality.

Millennial Unicorns

In recent years, most major hotel groups have focused their attention on developing new lifestyle brands to appeal to the Millennial generation. The most common trait of these brand strategies is to try to attract this demographic into the lobby by transforming it into a communal space. However, while these communal spaces have been designed, little focus was made in addressing the needs of the local community and creating a Third Place.

The Millennial market segment has been the vogue target market, with lifestyle hotel brands designed specifically for their needs because of the perception that this is the market where the money is. However, while this market is indeed important and does represent enormous potential, there are currently two fundamental facts about this market that are constantly overlooked by the CEO's of these hotel groups. The first is that this market does not have larger spending power than the generations above them and the second is that their desires are homogenous, regardless of their nationality, religion, and culture.

However, with the introduction of workshare spaces having great appeal within younger generations of the workforce through the decentralization of the traditional workplace, it is possible to attract these individuals and businesses into the hotels by creating a tangible reason for them to go to the property.

The Third Place needs to have a raison d'etre to attract the local community. Hotels design lobby spaces to try to attract the local community in, or will design some sort of new food and beverage concept to bring the locals in, everything is about bringing the local in, but when you look at the business centre of the hotel, the business centre has never been considered.

Shifting Perception

If we start shifting the way that we think about hotels, and re-

Figure 3 The Working Capital working space

Figure 4 The Working Capital outdoor pool

environment. Guests don't want to sit in a business centre, they want to sit in a space where they can feel they are part of a dynamic environment, they can feel the community, they can feel the activity, but they can experience it on their own.

A much-vaunted example is Ace Hotels, they are a great example of people using the communal spaces being offered along with free WiFi and a decent cup of coffee. But this is not the creation of a community. What is being missed is the greater sense of community, of being a stakeholder, the sense of being able to transition through various workspaces until you find one that is a good fit. This looks like a very uncomfortable place to work. This is not a professional workspace where someone would want to bring a client in order to conduct business. Returning to the workspace, this example shows how they are designed to provide ample space so that people can work within the space collectively, but with sufficient distance apart from each other. If you could transition this type of space into the hotel, then the Third Place could be established within a hotel.

Hotels will need to be designed and then enable them to provide primary places of conducting business by following the examples set by workshare spaces. The workshare will be able to activate all

examining how they will respond to the 21st century workplace and how this can be applied to the Third Place, there is a train that can take you to that space where this can be achieved.

In a world of increasing activity guests want isolation not community. Guests desire to have individual experiences within an authentic of the FOH Front of House, public areas and guest rooms spaces within the hotel with a local community that would have otherwise been alienated from the business centre.

Workshare spaces have even begun to offer amenities such a swimming pools and gym memberships, further blurring the distinction between what they offer and what a traditional hotel offers. If the workspace groups are recognising this desire in the market, then why are not the hotels doing the same? Additional revenue could be realised through fitness memberships being offered as part of the workshare program, activating these facilities during the daytime when they would have otherwise been dormant.

By attracting workshare business into the property, the bar will generate more revenue. The restaurants will host more lunch meetings, the lobby is going to sell more coffee. This is because you are going to have all of these extra people coming in from the local community which will give the guest an experience of a local vibe, that local inclusion.

Disrupting the Disruptors

Air BNB is not the enemy of the hotel, it's the cracked lens in which we can see the future. Air BNB will not survive in the future the way it is thriving today. It is a wonderful example of a disruptor within the industry. What Air BNB lacks is the potential to become this Third Space.

Where Air BNB have been able to disrupt the hotel guestroom, they are not able to disrupt the hotel. This is a critical distinction because the hotel has always offered more than just a room. If the hotels play to their strengths instead of complaining of their weaknesses, they will be able to capture a whole market that is emerging that is extremely popular and could be very lucrative to their revenue streams within the city centres that they are for the most part ignoring.

In this example, the workshare space has a garden roofbar. So instead of standing on top to the roof with your friend with a can of beer, you can have a glass of wine at happy hour at my workshare space. This again feels a lot like a hotel. All it needs now are rooms to be considered to be a hotel.

If we can design these spaces in the future to have guestrooms, which then could become the true place where you could bring the local community into, the true place where the lobby is part of the community. By adding the workshare space into the hotel, it becomes inherently programed to be that, without having to try to and fail as most hotels have done in their attempts to attract the local

Figure 5 The Working Capital beer garden

community into their properties.

Big Data

When reflecting upon the hybrid concept of transforming the hotel's business centre into a co-working space, a very exciting potential emerges.

By inserting workshare spaces into hotels, it is possible to enhance its strategic importance by incorporating the guest data within the hotel's existing loyalty programs. The workshare and guest community could create a super community of business executives and entrepreneurs within similar industries. At the moment, when joining any loyalty program the member is asked detailed information about their employment and employer. However, this information is not harnessed to create and linkages or establish any online communities. There is significant potential for a hospitality brand to take this existing information and combine it with the workshare community's information to use as a part of a larger business networking platform within their loyalty program. This would enable the loyalty program to link those in the workshare space with those who are in similar fields that are travelling to the destination, and in doing so potentially heighten customer loyalty and revenues.

In addition to this both loyalty program and workshare members would have access to the workshare spaces in every hotel within the brand, creating a much larger community for both guest and workshare user alike. Access could be unlocked according to loyalty program level and workshare space membership level, with perks being offered to those with higher points and membership.

You think of the power of a Marriott where they have over 1000 projects under development in SE Asia, if you could offer a membership based club (through their existing rewards programs) where wherever you go you can use this type of facility… That's where you will bring the locals in. Because that's where the locals will be using these spaces as their own business facilities and the traveller will be using it as theirs. And within those workspace communities, you will also see that instead of just being a business centre they will be able to become a social centre. The hotel could contact these members about wine tastings, entrepreneur discussions, presentations, and member introductions. It becomes about networking and community, and if you can create that community within a workspace, then it sounds a lot like a hotel.

This could therefore have incredible appeal for hotel operators by generating additional revenue through a business centre that was formally an unused space. Existing workshare spaces would have difficulty in competing with hotels entering into the market because of the additional facilities on offer (restaurants, bars, fitness, spa, and guestrooms) transforming the hotel into the disruptor and entering into a market place where its data and established physical network would create huge advantages.

In Conclusion

The challenge has always existed of providing an environment where the locals could feel at home where the target market is transient and from someplace else. Locals would find it difficult to get the sense of belonging when the hotels have typically been designed for the traveller. By introducing an expanded workshare space into the hotel where a business centre once would have been, the local community would be attracted to the hotel because this would become their place of work. These workshare users benefit the hotel by using public areas (lobby, restaurant, bars, and fitness) creating use and revenue in a previously completely unused component of the property. The additional value generated

Figure 6 The Working Capital workspace

through loyalty programs and their use of networking has the potential to create a paradigm shift within the hotel industry. In order for a hotel to have a Third Place, they must first introduce a Second Place to instigate the attraction.

计算机视觉技术及其在旅游规划中的应用：现状与展望

Computer Vision Technology and Its Application in Tourism Planning: Present and Future

文 / 陈 茜　卢闽军

【摘　要】

作为当前热门领域大数据与人工智能的一部分，计算机视觉与城市研究的交叉领域延伸到了关于城市环境认知评价、城市与建筑文化识别、城市风貌与城市设计评估等一系列创新研究。近年来，随着旅游业的发展，旅游规划研究中城市特色消失、景区周边环境品质较低、部分景区信息难以整理、旅游规划人性化不足等问题也在逐渐出现，计算机视觉技术为研究这些问题提供了新的可能性。本文将旅游研究与规划和计算机视觉技术这二者结合，在梳理相关现状问题与技术发展的基础上，指出在城市特色旅游形象打造、景区以及周边环境的整体品质提升、景区的针对性评估与景区内游客信息统计与人性化设计等方面计算机视觉的应用可能。

【关键词】

计算机视觉；旅游规划；街景图像；城市特色；城市形象

【作者简介】

陈　茜　清华大学建筑学院硕士生
卢闽军　高级工程师

1 背景

1.1 旅游规划研究

随着社会经济的发展、文明程度的提高，人们对于生活更高层次的追求逐渐体现在旅游这一活动中。旅游业的蓬勃发展催化了旅游规划的产生与相关研究。旅游业是综合社会、政治、经济、文化、历史、地理、心理等多个方面的演变中的复杂巨系统，为将有限的资源整合，进行最大化利用，对此系统研究、规划、监控、调控是最有效的途径，这也表明了旅游研究与规划的重要意义。

对旅游规划的定义，在理论层面上众说纷纭。墨菲（Murphy,1985）[1]认为："预测与调节系统内的变化，以促进有序的开发，从而扩大开发过程的社会经济与环境效益。"盖茨（Getz,1987）[2]对旅游规划的定义是："在调查，评价的基础上，寻求旅游业对人类福利和环境质量的最优贡献的过程。"冈恩（Gunn,1988）[3]认为，旅游规划是经过一系列选择，决定合适的未来行动的过程，强调了旅游本身的功能性和系统的复杂性。我们可以从以上定义中提炼出，旅游规划是综合从物质要素到非物质要素的多方面因素的广义规划研究，为实现发展的目标，从前期预先安排步骤并延续覆盖实际运营与反馈修正的全过程周期。

1.2 旅游规划研究中的现状问题

随着近年来旅游业的蓬勃发展，我国旅游研究与规划存在的一些问题亟待改善。在时代快速发展的背景下，传统旅游规划研究的手段已不能完全满足深入分析与解决这些问题的需求，合适的新技术的引入对于未来的旅游规划研究非常重要。

首先，旅游是对另一种生活状态的短暂体验，其本质是寻求差异、特色以及由吸引而向异地空间流动的行为。不同区域都有其特有的地域文化，代表着当地自然、历史、人文的传承。旅游规划本质是发挥地域特色的影响力，吸引人的同时，对本地文化起到积极的宣传与保护作用。为适应游客需求，旅游规划应该强化每个地方的不可替代性。针对不同的特色资源，突出差异性、唯一性，提升市场竞争力。尤其在现有城市大发展的情况下，大量城市只求标准化飞速建设，城市个性消失、千篇一律成为难以在短期内改变的事实，这也是影响旅游业继续发展的重要问题，不利于城市旅游品牌的打造。此时，针对一个地方自然地理特征、历史文化、民俗文化的合理发掘显得尤为重要。

其次，旅游者的消费经验日趋丰富，对旅游产品的体验性也有着更高的要求。这不仅体现在景区本体上，也体现在对景区周边环境的认知上。该概念在2005年国际古迹遗址理事会《西安宣言》中正式提出并被定义，承认周边环境对古迹遗址的重要性和独特性的贡献[4]。这对于旅游景区同样适用。景区作为旅游目的地的核心资源固然重要，但绝非是脱离周遭的个体存在。景区周围区域作为景区与外界环境的过渡，承担着重要的交通、人流、旅游相关商业等职能，大量辅助性设施需要依托周围区域实现。同时，游客对目的地的认知从一定距离外的景区周边区域就开始了，这也使景区周边环境承担了一部分维护景区形象的职能。于是，为提高旅游动线的整体质量，无论对景区内或是景区周边环境，都需要通过全面、客观、科学、大量的调研，进行现状评估和动态监控。进而合理地介入设计，提高景区及周边环境综合品质，满足旅游者对旅游活动的整体体验需求。

再次，旅游规划涉及的尺度丰富，现有规划与管理手段往往对精细尺度下的景区空间要素缺乏高效、准确的数据采集与监控。以城市街区类旅游景区为例，历史文化街区是展示城市历史文化的核心区域，针对这类街区的旅游开发是历史保护和旅游产业相结合的产物。但作为城市中的传统居住区域，街区的现有物质要素非常庞杂，除传统建筑材料、高度、结构、风貌之外，还包括生活化的屋外旧电线、垃圾桶、井盖等，这些都是现存街区保护及旅游开发不可忽视的现实因素。而在现有的旅游规划中，往往只是借用人力的方式去采集数据，这样既费时费力，同时也很难做到高效、标准与全面。

最后，旅游活动的本体是游客，游客行为是对景区及周边的感知与理解的直观体现，旅游规划设计首要是为了满足人的需求。现有旅游规划中的统计资料大都是游客数量，而并未对游客分布范围、饱和度、时间、年龄及景区详细使用状况进行有针对性的数据采集与统计分析。完善从规划到实施、运营的全周期游客相关数据与资料的收集与利用，才能更好地进行景区人性化设计。

1.3 旅游规划中的相关技术应用研究

在当前旅游规划研究中，作为新技术手段的地理信息系统（GIS）的应用已较为广泛。旅游地理信息系统（TGIS）是以旅游地理信息数据库为基础，对信息进行采集、管理、分析、应用的信息系统，方便游客了解景区并为管理决策提供依据[5]。同时，GIS应用在旅游制图中可以大大提高制图效率和准确性。例如，沈元宝等[6]探讨了GIS技术在旅游地图制作中的可能性，马应贤[7]提出用地理信息系统传输来指导图形设计，闻紫金等[8]以TGIS中旅游地图符号库子系统为例讨论了应用面向对象的思想来设计和实现旅游地图符号库的方法。另外，GIS在生态旅游资源评测、旅游规划模型库的建立等方面都有相关应用。实际上，除客观数据之外，现实状况下很多主观性或感知性的评测借用GIS难以实现，不仅如此，上述提到的几方面问题也需要通过其他新的技术手段进行研究，这些都为计算机视觉技术在旅游研究与规划中的应用提供了必要性与可能性。

2 计算机视觉在规划设计中的应用进展

2.1 计算机视觉技术的发展

计算机视觉作为人工智能与大数据的热门领域，与海量的城市图像数据一起为城市研究与规划设计的拓展提供了新的技术手段。区别于传统依赖于人工的数据收集与整理分析，计算机视觉为图像数据的大规模、自动化的判别与研究提供了新的可能[9]。计算机视觉是通过数学算法获得二维图像中相应场景的三维信息，并建立对图像的整体认知理解，用机器模拟人类的视觉信息转译能力的一门科学[10]。计算机视觉包括图像处理和模式识别，以及对空间形状的描述、几何建模和认识过程[11]。计算机视觉既是工程领域，也是科学领域中的一个富有挑战性的重要研究领域。自20世纪70年代提出至今，经四十余年的发展，计算机视觉已成为涵盖计算机科学和工程、信号处理、物理学、应用数学和统计学、神经生理学和认知科学等的综合性学科，也是当前人工智能研究的热点领域[12]。

对于作为人类生存发展的重要物质载体的城市而言，城市图像中蕴含着关于城市社会、经济、文化变迁的大量信息，并以前所未有的速度在增加[13]。例如，从2007年开始出现的谷歌、百度、腾讯等在线地图街景服务已成为城市图像的另一类重要来源，并以标准化、均匀分布、全覆盖以及定期更新的优势吸引了很多人使用。其中，谷歌街景覆盖至少39个国家3000个城市的500万英里道路[14]，腾讯街景已覆盖296座城市。除此之外，当代城市图像数据还大量来自于Facebook、Twitter、微博、微信等社交平台的信息流，以及各类城市监控摄像头等。

近年来，基于大量城市图像数据的计算机视觉与城市研究的交叉研究，成为前沿的学术领域。这对旅游研究与规划起到至关重要的作用，旅游以城市为载体发生，旅游研究与规划的核心部分即为对城市的研究。计算机视觉除传统上对客观事物信息进行提取外，现如今更多地关注主观性的评判。同时，不同于传统二维化的城市信息，城市图像数据所带来的三维空间展现，也使数据内容更加丰富、直观、及时[15]。将计算机视觉技术用于城市图像的研究，涉及城市环境审美评价[16,17]、人对城市环境的感知[18-22]、城市和建筑风格[23-27]等课题。无疑，计算机视觉技术的发展与城市图像数据的涌现为城市相关问题的研究开拓了新的视野，并可落实在有关城市研究与旅游规划的具体课题上。

2.2 计算机视觉的具体应用

目前，计算机视觉技术直接应用于旅游规划相关问题的研究还较为少见，而在城市领域的研究可归纳为以下几种类型。首先，城市建成环境的认知研究是城市研究的重点与难点，计算机视觉技术的应用与海量图像数据的涌现，结合互联网众包等参与模式，打破了传统认知实验的样本数量受限的问题[28]。凯西亚（Quercia）等人[29-31]采用计算机视觉法研究影响城市环境认知的视觉要素，开设urbangems.org网站随机显示两张来自谷歌街景或Geograph网站的城市图片，用户根据感受的不同分别比较并选取优者。内容包括公众对伦敦不同街区美感、安静感、愉悦感的认知评价。研究进一步对相同起点与终点间的最短路径，与分别优先考虑美感、安静感、愉悦感体验的推荐路径进行比较，绘制不同路径图，这成为除考虑距离因素外，道路建设关注行人体验的一种依据（图1）。

其次是城市与建筑文化解析。

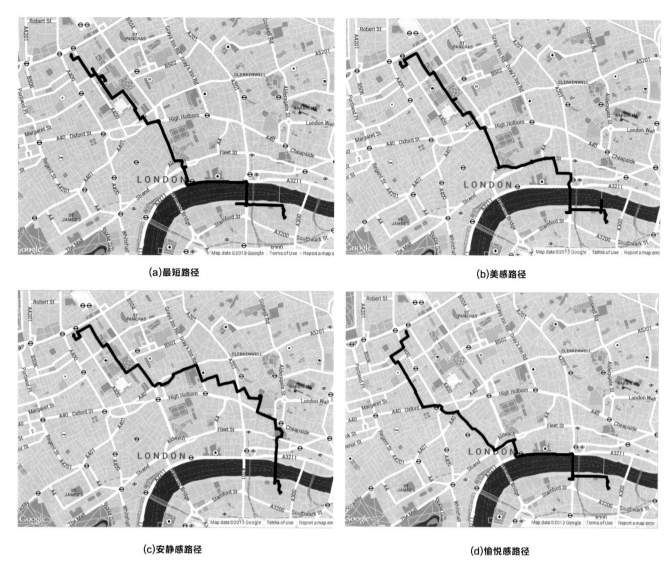

(a) 最短路径　　(b) 美感路径　　(c) 安静感路径　　(d) 愉悦感路径

图1　地图标示在Euston Square和Tate Modern两地点间的不同路径　　图片来源：Quercia D, Schifanella R, Aiello L M.（2014）

城市与建筑的发展是地方历史文化与人文特色的叠加，不同时代、不同地域所展现的不同风貌特征一直是城市研究领域关注的重点问题。线上的城市图像数据所具有的地理位置、风格、年代等信息可用于筛选出具有识别性的图像信息，对建筑文化进行解析。例如许（Xu）等[32]根据几千张带有风格标签的建筑照片开发了用于识别建筑风格的算法，准确率可达到70%，并可用于分析不同风格间的沿袭关系。李（Lee）等[33]识别了巴黎不同年代建筑的特征元素（分为1800年以前、1801~1850年等10个时间段），可用于分析一定地域内的建筑风格演变过程。道奇（Doersch）等[34]的研究抓取来自谷歌街景的不同城市的大量照片并截取正方形图块，采用判别聚类算法多次循环，筛选出在巴黎街景中特有的高频出现的图块，最终发现包括临街阳台栏杆、住宅落地窗与阳台、路灯、路牌、门廊等存在于普通住宅与街道等日常场景中的特征元素[35]（图2）。

此外，计算机视觉还可用于城市风貌的大规模评估。传统的城市风貌研究主要依靠人力完成，对城市信息难以达到整体覆盖。计算机视觉技术在城市风貌研究领域的应用，为全面、精准地自动化评估城市面貌提供了可能性[36]。刘（Liu）等[37]的研究开发了可大规模应用于我

图2 左侧的标志性街景中，栏杆、阳台的支撑都是巴黎的标志；右侧新古典主义柱廊、维多利亚式窗户、铸铁栏杆都是伦敦的特色。

图片来源：Doersch C, Singh S, Gupta A, et al.（2012）

国城市风貌评估的深度学习算法，从沿街建筑立面品质、街道建筑界面连续性这两项城市风貌的典型要素入手（图3）。该研究以北京五环内为例，根据专家打分开发了用于城市风貌评估的算法，应用于36万张百度地图街景照片，得到北京城市建筑立面品质与街道界面连续性的评估地图。作为该研究的延伸，建筑风格、建筑体量、立面材质、建筑群和谐度等，都可使用此方式进行评估，从而实现对我国整体城市风貌的量化评估与动态监控。

3 计算机视觉应用在旅游规划研究中的应用展望

3.1 城市特色旅游形象打造

在景区所在的城市尺度方面，基于计算机视觉技术，大量城市图像数据与众包模式等带来样本容量的扩大，使人们对城市整体建成环境有了更为全面、准确的认知和评价。在旅游规划研究中，对旅游区及所在城市建成环境的认知是保证后续进行合理旅游规划的基础性工作。例如，对城市建成环境进行整体科学认知后，可以进一步分析城市内品质较好以及较差的区域，为城市规划相关部门提供相关政策依据，改善城市整体面貌和形象。城市形象可以影响外来游客的综合体验，良好的城市形象是旅游城市的无形资产，可以扩大城市的知名度，有助于城市品牌的建立。

同样，作为旅游规划研究的重点问题之一，城市异质性的发掘与特色城市的打造需要对城市与建筑文化识别进行深入研究。计算机视觉对城市与建筑文化科学化、定量化的

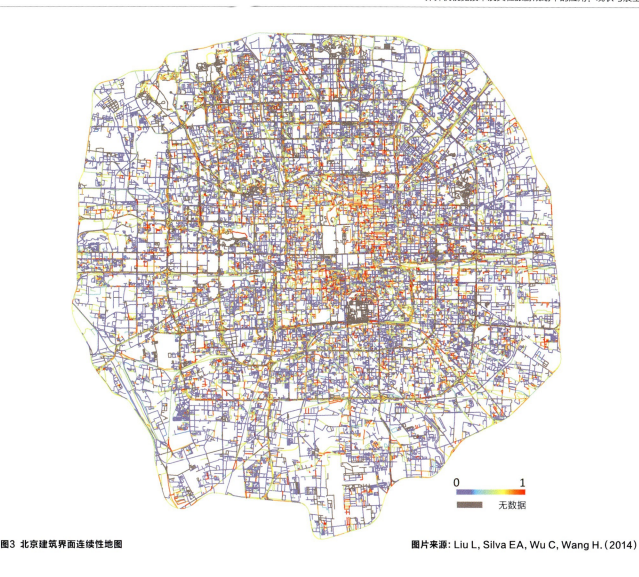

图3 北京建筑界面连续性地图　　　　　　　　　　　　图片来源：Liu L, Silva EA, Wu C, Wang H. (2014)

认识，和对地方文化形成、传播与传承机制的探索，都可用于对我国城市文化的深入挖掘[38]。例如，Doerch 等[39] 在对城市风格识别的基础上进行了延伸分析，包括对不同元素在城市中的分布规律的分析，如不同类型的栏杆大都分布在哪些区域；对单体建筑在不同尺度上的风格来源进行分析，如某建筑的各个部分所偏向的不同风格；对比较不同的城市间的风格差异进行研究，如不同地区楼层高度的不同等[40]。综上所述，计算机视觉技术方法可以发掘特色旅游要素，指导改善城市旅游整体形象，进而助力重塑城市风貌特色。

3.2 景区以及周边环境整体品质提升

在景区及周边环境整体构成的区域尺度方面，计算机视觉技术可以对环境认知进行科学综合评测，并进行对区域尺度的界面连续性、风格和谐度等问题的大规模、自动化评估，这为有针对性的区域整体规划与设计原则提供了依据。对旅游规划而言，旅游行为是一种全面的体验过程，环境是旅游行为发生的载体，景区内外都是规划设计应注意的重点。景区以及景区周边环境的协调发展要求有全面、科学的评估体系，以为后期合理的规划设计进行铺垫。例如基于计算机视觉技术对景点周围环境进行认知评价打分，可以得到环境质量的评估分类，如更受欢迎区域或亟待改善区域等类型，这就为景区的规划提供了依据。而利用上文提及的城市风貌与城市设计评估的算法模型，研究者就可以对景区及周边区域的界面连续性、建筑立面品质、建筑风格统一性、群体和谐度等问题进行大规模评估，分析有待改善的区域，从而对规划设计的具体风貌问题提供建议[41]。

同时，随着城市照片数据在时间和空间上的积累，计算机视觉技术将有望实现对建成环境的动态监控，以相同时间间隔更新的方式识别建成环境状况的变化[42]。这一计算机视觉技术可发展为应用于旅游研究与规划评估检测的长期机制，对建成后的景区与周围环境进行长期动态监控，这就可以评估发现前期规划的合理性以及使用中的问题，帮助旅游管理部门进行下一步改善与优化决策。

3.3 景区的针对性评估

在景区尺度方面，计算机视觉技术同样有其不可替代的使用价值。例如上文提及的Liu等[43]的研究中，已开发了针对我国城市风貌大规模评估的深度学习算法，并可继续发展为对建筑风格、立面材质、体量尺度等要素的全面量化分析、动态评估。在旅游规划研究中，对于具体景区而言，其中大量景区环境，如历史街区、历史文化名村等现实环境物质要素非常繁杂。基于图片数据的大量化、动态化以及计算机视觉研究对数据的科学处理，环境中的物质要素有望得到高效、标准与全面的评估。例如，运用合适的评价打分标准，将算法模型应用于某景区内的街道环境，可分别针对街道建筑材料、高度、结构、形制，以及环境中的电线、垃圾桶、井盖等要素进行分析与评估，并进行动态监控，时时关注使用状况变化。如发现问题则可及时进行整改优

化，提高旅游体验品质。此研究也可广泛实践于全国范围内的同类型景区环境，实现景区间的横向对比，在景区评估体系中纳入建成环境体验要素与指标，完善景区内物质环境的评价体系。

3.4 景区内游客信息统计与人性化设计

计算机视觉应用中的人脸识别技术也可应用于人群活动研究。随着智慧城市建设的推行，城市中的视觉捕捉设备也将日渐全面。景区内以及周边区域的计算机视觉捕捉画面信息可以被用于计算机视觉分析中，通过对人群数量的统计，可得到不同地点的游客密度、分布范围、出游时间、出游方式等。通过头像视觉识别技术，可进一步对景区游客年龄、性别等细化的人群属性进行分析，甚至可以通过面部表情的计算机识别，判定使用者心情等个体心理要素。这些均可用于景区规划设计或后期运营改善研究中，对景区活力、公共空间使用状况等游客使用问题进行分析，可以有效地，精细化分析人群在景区内的体验，为优化旅游规划的人性化设计提供技术支持。

4 结论及思考

计算机视觉技术的发展为旅游研究与规划提供了更多的可能性，其大规模、自动化的分析能力为许多传统问题带来了新的分析视角并可以引发新的讨论。环境认知评价与识别、风貌与设计评估等具体计算机视觉技术对从城市维度到具体区域甚至人的尺度等旅游规划研究都具

有指导性的意义。

同时，计算机视觉技术在规划研究领域面临的局限性也应被注意。该技术依托的信息来源是图像，综合了光线、角度、距离等自然因素的作用结果。人在旅游环境中并非静止的存在，社会背景、个体观念等各种非物质因素会影响人在建成环境中的真实体验。这对计算机视觉技术的机械辨识是一个挑战[42]。且该技术对大量数据的处理与评估所得结果大都反映的是大部分群体的认知观念，是基于群体性判断的观念与认识，因此该系统可能无法辨识一些突破性或前沿性的价值认知而给予负面评价。这些都要求我们对相关技术的应用进行进一步优化，为计算机技术在旅游研究与规划中的应用提供更为坚实的基础。

基金项目

国家自然科学基金资助项目（51478232）

注释

①腾讯街景网址：http://map.qq.com
②Geograph网站：http://www.geograph.org.uk，致力于众包提供英国和爱尔兰"每平方公里最具代表性的"照片。
③http://www.urbanvisionstudy.com，查询北京建筑界面连续性地图

参考文献

[1] Murphy P. Tourism: A Community Approach [M]. New York: Methuen, 1985: 12-34.

[2] Getz, D. Tourism planning and research: traditions, models and futures [M] // Paper presented at the Australian Travel Research Workshop. Australia: Bunbury, 1987.

[3] GunnCA.Tourism Planning, 2ndedu, New York: Tayorand Franeis, 1988.

[4] ICOMOS第15届大会.《西安宣言》. 西安. 2005. 10.

[5] 王阿川, 张剑飞, 刘劲风. 浅谈 TGIS 在旅游业中的应用 [J]. 林业机械与木工设备, 2005, 33(1): 43-45.

[6] 沈元宝. GIS 技术目前能否用于制作旅游地图 [J]. 地图, 1998(1): 48-51.

[7] 马应贤. 论旅游地图编制内容更新的若干问题 [J]. 干旱区地理, 1997, 20(2): 80-84.

[8] 闻紫金, 宫辉力, 赵文吉. 基于 Java 的旅游地图符号库的设计与实现 [J]. 计算机工程, 2004, 30(15): 190-191.

[9] 刘伦, 王辉. 城市研究中的计算机视觉应用与展望 [EB/OL], 2017, http://www.urbanvisionstudy.com/.

[10] Szeliski R. Computer vision: algorithms and applications [J]. Journal of Polymer Science Polymer Chemistry Edition, 2011, 21(8): 2601-2605.

[11] D. Vernon. Machine vision-automated visual inspection and robot vision: englewood Cliffs, NJ (US), Prentice Hall, 1991: 2

[12] 同 [9].

[13] 同 [9].

[14] Lee S, Maisonneuve NCrandall D, et al. Linking past to present: discovering style in two centuries of architecture [C]. IEEE International Conference on Computational Photography, 2015.

[15] 同 [9].

[16] Quercia D, O'Hare N K, Cramer H. Aesthetic capital: what makes London look beautiful, quiet, and happy? [C]. ACM Conference on Computer Supported Cooperative Work & Social Computing. ACM, 2014: 945-955.

[17] Salesses P, Schechtner K, Hidalgo C A. The collaborative image of the city: mapping the inequality of urban perception [J]. PloS One, 2013, 8(7): e68400.

[18] 同 [16].

[19] 同 [17].

[20] Quercia D, Pesce J P, Almeida V, et al. Psychological Maps 2.0: A web engagement enterprise starting in London [C], International World Wide Web Conferences Steering Committee, 2013: 1065-1076.

[21] Naik N, Philipoom J, Raskar R, et al. Streetscore—predicting the perceived safety of one million streetscapes [C]. Computer Vision and Pattern Recognition Workshops (CVPRW), 2014 IEEE Conference, 2014: 793-799.

[22] Ordonez V, Berg T L: Learning high-level judgments of urban perception [M].Computer Vision-ECCV 2014.Springer, 2014: 494-510.

[23] 同 [14].

[24] Doersch C, Singh S, Gupta A, et al. What makes Paris look like Paris? [J]. ACM Transactions on Graphics, 2012, 31(4).

[25] Shalunts G, Haxhimusa Y, Sablatnig R.Architectural style classification of building facade windows [M].Advances in Visual Computing.Springer, 2011: 280-289.

[26] Shalunts G, Haxhimusa Y, Sablatnig R. Architectural style classification of domes[M]. Advances in Visual Computing.Springer, 2012: 420-429.

[27] Xu Z, Tao D, Zhang Y, et al. Architectural style classification using multinomial latent logistic regression [M].Computer Vision-ECCV 2014.Springer, 2014: 600-615.

[28] 同 [9].

[29] 同 [16].

[30] Quercia D. Urban crowdsourcing for the good of London [C]. Proceedings of the 22nd international conference on World Wide Web companion, 2013: 591-592.

[31] Quercia D, Schifanella R, Aiello L M. The shortest path to happiness: recommending beautiful, quiet, and happy routes in the city [C]. Proceedings of the 25th ACM conference on Hypertext and social media, 2014: 116-125.

[32] 同 [27].

[33] 同 [14].

[34] 同 [24].

[35] 同 [9].

[36] 同 [9].

[37] Liu L, Silva E A, Wu C, Wang H. A machine learning-based method for the large-scale evaluation of the qualities of the urban environment [J]. Computers Environment and Urban Systems, 2014, 65: 113-125.

[38] 同 [9].

[39] 同 [24].

[40] 同 [7].

[41] 同 [9].

[42] 同 [9].

[43] 同 [37].

[44] 同 [9].

上海保利大剧院

城市旅游产品与体验
Product and Experience

洪雅欣	简博秀	沈宛妮 林绍华	从文化旅游转型为创意旅游：台北大稻埕历史街区案例
	路丽君	汪　芳	体验式工业旅游开发与设计——以德国沃尔夫斯堡大众汽车城为例
	戴林琳	郭诗诗	英国小城镇旅游：分布特征、发展类型与经验借鉴
		彭星等	面向21世纪的城市旅游产品：西班牙伊比萨旅游岛案例

从文化旅游转型为创意旅游：台北大稻埕历史街区案例

From Cultural Tourism to Creative Tourism: A Case from Dadaocheng Historical District in Teipei, Taiwan

文 / 洪雅欣　简博秀　沈宛妮　林绍华

【摘　要】

近年来，创意参与被提倡在旅游的过程中，逐渐地取代过去的文化旅游模式，转变为创意旅游的新型式。在旅游过程中，享受创意的来源与启发创意成为旅游的主要吸引力，并且凝聚成观光与旅游活动的具体内容。凭借着过去的历史遗脉与景观遗产，台北市大稻埕过去一直是缅怀闽南传统文化的最重要文化旅游地点，近年来由于政府大力推动文化创意产业的发展，并且塑造创意空间吸引创意人才与商店进驻，这个历史街区逐渐转向为以创意为主的街区，它不只呈现了一个融合过去传统文化元素的产业聚落，同时成为都市内吸引游客的重要消费与观光景点。

【关键词】

文化旅游；创意旅游；历史街区；闽南文化；台北；大稻埕；

【作者简介】

洪雅欣　福建师范大学旅游学院本科生
简博秀　世新大学观光学系副教授
沈宛妮　世新大学观光学系观光规划及资源管理组本科生
林绍华　福建师范大学旅游学院副教授

注：本文图片均由作者提供。

1 前言

文化是旅游的灵魂，是旅游系统里不可或缺的元素，文化旅游是对当地文化继承和传播。近年来，旅游的趋势逐渐从"文化旅游"转换到"创意旅游"。以台北市而言，作为一个创意城市，落实文化创意产业，打造创意城市是政府的必要工程。从创意街区、创意园区、创意聚落和创意市集等方面进行文创发展空间的打造，成为台北市推动文化创意产业的政策模式。本文以台北市大稻埕为例进行说明。大稻埕在早期是台北市最繁荣之地，之前通过文化遗产发展了都市旅游，吸引游客前来观赏其特色建筑：闽南式建筑、仿巴洛克式建筑、现代主义建筑和洋楼式建筑。最近几年，创意人士的进驻，把文化空间转换成创意空间，将历史所遗留的元素，如闽南文化、茶叶文化等，打造成创意产品。文化创意产业的出现，促使大稻埕逐渐转型为创意旅游目的地（图1）。

2 从文化旅游到创意旅游

经济合作与发展组织（OECD）指出，文化旅游是一个国家或地区文化价值的实践，特别是表现在一个地理区域的人的生活方式，以及他们的历史、艺术、建筑、宗教及其他元素，这些都影响了塑造他们生活方式的文化价值（OECD，2009）。文化旅游包括城市地区，特别是历史性的或大城市的旅游业，以及博物馆、剧院等文化设施。在此基础上，另一类文化旅游目的地是指居住的文化地区，其目的地包括历史遗址、现代的城市地区、有民族特色的小镇、集市、节日、主题公园和自然生态园区。文化景点和相关事件是特别强大的磁铁，这已得到许多研究者与支持者的证明。

然而，文化消费意味着在城市文化消费政策的基础上制定了一个独特的形象，即对于文化旅游者来说，唯一的选择就是去消费城市的文化，倘若缺乏文化产品，就意味着城市越来越需要依靠"大爆炸"来吸引游客的注意力。因此，一些城市已经开始走出文化旅游发展的投资平台，寻

图1 台北大稻埕

找新的解决收入和就业问题的方法的同时，提供文化支持，开始采用创造性的发展战略。创造力的一个优点是，创造过程依赖文化活动和服务聚集，这往往会带来巨大的经济起飞，也指向城市再生的具体领域。对许多城市来说，创意不仅仅是一个优势，更是唯一的选择。哈德斯菲尔德的创意城市项目指出，城市只有一个资源：人。发展创造力使城市的人力资本被用来开发新的经济结构调整问题的解决方案，即使是没有大量"真正文化资本"的城市，也能发展自己的创新能力，使自己重生。因为转向创意性，一些城市已经开始重新打造自己的文化中心，而不是仅仅只发展文化消费。

创意旅游，是近十几年才出现并且流行的一个名词，它的出现和游客需求的转变是密切相关的（文辉，崔耀富，2010）。创意旅游的主要优势是，它提供了一种新的方法来区分文化产品的竞争对手，不同于目前占有旅游市场大多数的文化旅游；创意旅游作为国际上发展起来的新理念，促进了旅游业向纵深延伸拓展，增加了旅游的新模式与新的市场。原则上，"创意旅游"一词是由 Richards 和 Raymond 所创造的，他们的灵感来自于一次旅行体验——泰国之旅，其中素食烹饪和按摩课程相结合的体验，令他们印象深刻。理查德（Richards）和雷蒙德（Raymond）将这个新的旅游类型定义为"创意旅游"，意味着旅游业为游客提供了发展创意的机会，游客通过积极参与在目的地进行的游程和学习，获得了一段具有特色的假期（Richards 和 Raymond，2000）。

创意旅游的定义为：为游客提供一个机会，去启发他们的潜能，游客通过活动的参与及课程的观摩，获得经验学习的机会，并从中激发他们的创意潜力，同时于旅游目的地形成一种具有特色的假期（Raymond and Richards，2000）。

由此可以看出，创意旅游最初来源于旅游过程，游客从目的地举办的活动中得到经验和体验。之后，联合国教科文组织对"创意旅游"的定义进行了延伸，即与社会发展有关的旅游业要提供一种可持续的生活方式，所提供的活动必须是和谐的，是与历史、文化等有关的生活、学习经验（UNESCO，2006）。从此定义不难看出，创意旅游不是静态的文化旅游，它创建了一个新的维度，以激发现代旅游者的创造力并满足他们的需求，如参与各类研讨会、教育项目和各种创意活动（艺术、遗产、自然），从而创造一种真实的体验。它必须被强调的主要动机是个人创造的经验，而每一个人的不同体验，都取决于各种因素，如教育、爱好、休闲方式等（Rudan，2012），它不仅包含体验性的旅游形式，也包含主动参与和双向互动互助的动态创意过程。

Lindroth, Ritalahti 和 Soisalon 指出，在创意旅游中，创意元素也可以被引入目的地开发和管理工作，以保证在目的地的成功，以及不断增加竞争力的条件（Lindroth, Ritalahti, Soisalon-Soininen, 2007）。表1说明了一个城市的空间转换，如何通过创意空间的营造，让旅游的形式从文化坚固的品牌模式转换到以创意空间为主的发展模式（Evans,2007）。

如今，世界旅游市场（新西兰的圣诞老人、奥地利的创意艺术、工艺和烹饪节日、巴塞罗那的创意旅游、伊比萨、创意巴黎等）都重视并发展创意旅游，形成了一股创意风潮。在韩国，创意旅游的新的发展模式是一步一步将创意与旅游业整合在经济上，由此产生了发展入境旅游的机会，如"韩流"表演和韩国电影；同时，支持创意出口的发

表1 文化空间转换成创意空间的特征比较

文化空间	创意空间
博物馆和遗产旅游	大都会的文化
文化特别区为主	创意产品与消费为主
族群特色街廊区	创意群聚
娱乐城市（如时代广场和波兹坦广场）	文化交易与艺术标记
竞争利益原则	比较利益原则
朝圣旅游和文学轨迹的追寻	城市是设计者所展示的空间
城市的文化	创意的城市

资料来源：根据Evans（2007），有修改。

展;泰国政府则通过直接参与的方式,推动文化产业所带动的旅游活动(Fundação de Serralves, 2008)。因此21世纪以来,为了发展创意旅游,城市应改造无形资源,通过创造力为参观者创造体验,打造可以代表目的地身份的符号。

总而言之,创意旅游相较于文化旅游,赋予游客更高水平的满意度,游客可从旅游目的地获得灵感和学习新技能的机会,通过创造个人体验,在旅游目的地停留更长的时间,借此提高重游意愿(Emilova, 2011)。创意旅游之于旅游目的地,其主要优势是提供区分文化产品与其竞争对手的新方法(Richards, 2000),因其差异性能够更容易地增加地方价值(Richards and Wilson, 2005),创造力不仅涉及价值创造,也创造价值(Ritzer, 1999),赋予旅游目的地创新的机会及良好的竞争力。早期,在农村应用创意旅游的实例有以下两处:拉普兰(Lapland)与芬兰的维德纳(Widna)。拉普兰已成功开发流通网络以供工艺品生产者交流(Miettinen, 1999);维德纳政府成立了创意部门,并设立创意农村,提供创意空间,吸引了许多年轻设计师前来,可说是发展创意空间的先驱(Lutyens, 2004)。目前,世界各地也有许多创意旅游的实例,如表2所示。

3 从大稻埕历史街区到大稻埕的创意旅游

大稻埕位于台北旧城内的西北方,是个充满人文气息的地方,它靠近淡水河滨一带,起初是因一大片晒谷场而得名。清代末接替艋舺(今万华),成为台北最繁华的地方,是台北三市街之一。到了日据时期的大稻埕无论在经济、社会或者文化活动上,都有傲视全台湾的惊人发展及成长;不仅是商业活动频繁的高消费区,也

表2 创意旅游于世界各地之实例

名称	位置	创意基础	活动描述
新西兰岛创意旅游	新西兰尼尔森	传统工艺、语言、手工艺品、美食	根据广泛的游客创作经验,创意企业提供产品网络,包括骨雕、毛利语课程、编织、毡和木制品以及新西兰美食
拉吉约勒小刀工艺	法国阿韦龙	传统工艺	在一个专业刀制造商的指导下,选择材料进行处理,组装弹簧、摇枕和刀片,最后完成雕刻、装饰、抛光。设计师加入创新。现在,原拉吉约勒刀的设计游客可以效仿,说明创意(即设计图标)是一个有吸引力和诱人的存在
嘉利玛(Galimard)香水	法国普罗旺斯	香水制造	消费者学会创造和制造属于自己的香水,保留的配方便自己再次订购。他们声称格拉斯(Grasse)是"世界香水之都",强调制造香水经验的重要性

续表2 创意旅游于世界各地之实例

名称	位置	创意基地	活动描述
瓦洛里（Vallauris）陶瓷工作坊	法国利摩日	瓷器、绘画	免费陪同参观附近的国家陶瓷博物馆，在Vallauris陶瓷工作坊短暂休息
荒野艺术	加拿大安大略省	创意活动：绘画、雕刻和摄影	课程由艺术机构、文化网站和旅游供应商提供，他们的基本工作是激发自然灵感。这种经验是需要被转化的：在安大略，你可以将创造性表达的渴望转化为生活的经验和完整的成就感
音乐节	墨西哥	墨西哥民间音乐	这个节日有助于为当地人民带来经济利益以及保存当地的文化形式，音乐家们自理食宿和交通费用，并分担部分行政成本，他们的参与也有助于弥合不同文化之间的差距，使人了解墨西哥音乐和文化并在舞台上分享。因此，它是两种文化的交流
加泰罗尼亚美食和烹饪	加泰罗尼亚巴塞罗那	美食和烹饪课程	强调学员的积极参与。"我们活跃的、有经验的烹饪老师Jaume，会在小组成员的帮助下，根据那些最有名的加泰罗尼亚本地食物，完成两道主菜和一道甜品"，随后，参与者们"可以在向导的带领下参观著名的波盖利亚市场（La Bogueria Market），认识各式各样的加泰罗尼亚食物"

是人文荟萃之地。

1851年，同安籍移民林蓝田为了躲避海盗，从基隆搬到大稻埕，兴建了三间闽南式建筑，这就是大稻埕最早的店铺。1853年，艋舺发生漳泉移民之间的械斗事件"顶下郊拼"，下郊的泉州同安和漳州人被顶郊的泉州三邑人（晋江、南安、惠安）所驱赶，先是奔往北方的大龙峒，但不受当地同安移民接纳，再转到大稻埕，沿着淡水河建起毗邻店屋，形成街市，重建庙宇，利用淡水河从事对渡贸易，形成以同安人为主的河港聚落区。1856年，大稻埕建霞海城隍庙，标志着该区已经慢慢进入一个崭新的时代。两次英法联军之后，清廷与列强签订条约，开放台湾为国际通商港口，其中艋舺和大稻埕也列入其中。1865年，英国人杜德来我国台湾之后，引进泉州安溪乌龙茶，其味道甘美，英国女王维多利亚品尝后，直夸"Oriental Beauty"，因而使得"东方美人茶"声名远播欧洲，吸引外商来此设立

表3 大稻埕文化旅游介绍

名称	景点介绍
大稻埕戏苑	大稻埕戏苑位于永乐市场8、9楼位置，以演出、推广、保存传统戏曲为宗旨，9楼进行各项传统戏曲演出，而8楼廊道展示区则规划有布袋戏常设展及不定期特展。现今大稻埕戏苑推出青年传统艺术节，融入偶像剧及黑色喜剧等元素，颠覆传统喜剧的形象
霞海城隍庙	建于清咸丰年间，为市定三级古迹，主奉霞海城隍主神，是大稻埕居民的信仰中心，也是香火最鼎盛的庙，立庙后带动了大稻埕商业发展
李亭香饼店	成立于清光绪年间，李亭香薄酥饼包裹古早味内馅，深受台北人喜爱。近年来致力于汉饼的改良，融入新元素，勇于创新，颇受好评
稻舍	由原本的碾米工厂所改，阁楼则为米仓，因此贩卖一些米的相关商品，穿越天井后，还可以品尝米料理，偶尔还会举办创意活动

资料来源：文字摘录自《MOOK景点家》网页——八大必游！大稻埕这样玩最在地。https://www.mook.com.tw/article.php?op=articleinfo&articleid=11746。

公司，做起茶叶交易，也顺道将异国风格的建筑、宗教文化等带入大稻埕地区，奠定了大稻埕中西文化交融的特色。1885年，刘铭传出任台湾第一任巡抚时，把大稻埕规划为商业区，选定大稻埕的南端（前铁路局遗址）兴建"台北火车票房"（在日据时期被改成医院，今台北车站前身），此举更加带动了附近商街的繁华。除了铺设铁路以外，刘铭传还在大稻埕设茶厘局、军装机器局等公家机构，在该区形成一个"官府建制区"。渐渐地，台北的政治经济地位与台南并驾齐驱，乃至成为台湾第一大城。日据中期以后，大稻埕市况的繁荣，逐渐被日本人极力建设的城内（今中正区，原城中区）所取代，在日据时代进行市区改正计划的时候，西方的都市计划观念并未引入"城外"，导致城内逐渐成为日本人的统治重心，而城外的大稻埕则成为台湾人为主的"本岛人市街"，并保留了最原始的街道景观与生活样貌。近代，随着时光的变迁，都市逐渐扩张，大稻埕已不复当年的热闹喧嚣，取而代之的是台北市之东区的繁华景象，当地部分建筑则已自行拆除翻新，当地的文化特色渐渐失去了原有的面貌，并被现代建筑所取代（大稻埕文化旅游介绍见表3）（资料来源：大意犹未尽——大稻埕）。

4 大稻埕的文化内涵

今日大稻埕存留下来的洋行、建筑华丽的街屋古宅、茶行、布行和各色小吃等都散发着淳朴亲切的人文风情，是现今大稻埕令人流连忘返的重要因素，加上大稻埕内的迪化街上仍保留着部分有特色的都市景观建筑，吸引了许多国内外的观光客驻足。在迪化街，大部分的房屋属于长条形连栋式店铺，屋子小且幽长深邃，可兼顾商业和居住的功能，是闽南店屋的代表。建筑从外观上看，可分为四种风格：（1）有早期移民的闽南式建筑；（2）日据时期保留下来的仿巴洛克式商店店面；（3）现代主义的高楼建筑；（4）洋楼式建筑。台北市政府为了保留早期迪化街原有建筑风格，通过奖励补助整修，鼓励居民保存原有建筑的风貌，让城市留下历史风景，迪化街成为台北市重要且具有代表性的历史街区，吸引了大量国内外观光客来到此处感受台北市的传统文化与历史地景，大稻埕成为所有观光客来到台北必须拜访的重要观光景点（资料来源：大意犹未尽——大稻埕）。

此外，在环境改造上，近年来，台北市都市更新处对大稻埕几处历史建筑实施活化再利用计划。作为都市再生基地和据点，大稻埕仍旧可以保留传统文化的基础；同时，这个百年老商圈在许多当地居民的热忱期许下，许多具有特色的传统商店、旧时建筑逐渐恢复了过去的外貌与景观。

在这样的需求下，诞生了"巷子内工作坊"，它在台北市都市更新处的指导与协助之下组织了设计团队，包括在地居民、建筑师、商圈店家、学者、设计师、青年工作者等。工作坊的宗旨是建立"在地资源整合平台"，由在地关键人物发起，与在地居民等共同发掘具有潜力的侧巷故事，带动小区的繁荣，导入观光支持、文创媒体、小区服务、艺术进驻街区等不同计划与活动，促进大稻埕地区资源的整合，让大稻埕的文化以更好的方式传承下去（台北村落之声——大稻埕"巷子内工作坊"）。

5 大稻埕的创意文化

大稻埕仅靠政府的力量保留此地独特的历史氛围和面貌是不够的，文化内涵的再生与恢复才是大稻埕百年风华再兴的唯一解决之道。因此，在传统产业逐渐没落的现代，通过年轻文化领域的创意者秉持台湾传统闽南文化的元素与余韵，引进新的文化活力与创意，与传统的文化接轨，成为近年来大稻埕在一连串文化复兴后的发展方向与趋势。在文化创意产业盛行的时代，为了不让大稻埕"老化"，台北市政府在大稻埕所具有的传统元素与文化遗产条件下，提供了吸引创意群体的创作环境，注入了新的创意文化，大量吸引创意商店进驻，如民艺埕、老桂坊等；另外，通过培植当地团队深耕地方的方式，如URS（Urban Regeneration Station）计划，招募民间创意团队，注入新的创意文化，让大稻埕获得新的"活力"。近年来，大稻埕吸引的不只是享受过去台湾闽南传统文化与景观氛围的观光客，还有许多观光客被这份文化所带来的创新与创意产品所吸引而前往拜访（谢明瑞，2013）。

在2013年由台北市政府文化局推动的"台北人情味（WAY）创意街区"活动中，大稻埕被定义为其中一个创意街区。通过当地文化历史遗产的追溯，结合对文化创意产品店家的探访，该活动成为一个地方推广活动。的确，近年来在政府、商家和民间力量的努力下，大稻埕蓬勃发展，成为台湾文创街区的代表之一。

在活动的推广上，以大稻埕历史街区建筑为演出场所，发展大稻埕的本地作品是另一个振兴当地旅游的模式。每年9月28日的"孔子诞辰释奠典礼"是台北市孔庙的年度盛事，大稻埕在典礼上以传统八音乐器演奏，并表演明朝宫廷的祭礼佾舞及37项礼仪，在传承传统文化和不破坏文化建筑的基础上进行创新，形成一种文化与创意相结合的节庆活动。其他如霞海城隍庙的拜月老活动与绕境、情人烟节和大稻埕戏苑的传统艺术戏剧表演等活动，都是当地具有代表性而且结合传统与创新的文化活动，近年来都吸引了许多观光客前来观赏与交流。越来越多文创商店的兴起则是另一个吸引观光客的因素，许多创意店家引用台湾传统的闽南文化作为创意点，形成具有地方特色的文化底蕴，成为吸引观光客停留的旅游景点，让大稻埕的文化旅游不单单是对文化遗迹的游览，而且加重了更多由传统升华的创意元素，成为"创意旅游"的新模式。（资料来源：观光局决定舍弃康青龙的光点计划，改纳入大稻埕、北投进行的"北区光点"宣传，2012）。

在此基础上，对创意商店的艺术欣赏与创意开发，形成了大稻埕特殊的新旅游形式，有别于过去仅着重对历史、文物与遗产的缅怀与理解，更多的旅游关注将被放置在大稻埕由历史传统文化所衍生的文化创意当中。

大稻埕的创意商店还有很多，大多是利用旧屋改造的方式进行改建。这种空间发展模式，将这块历史沉淀之地与创意相结合，吸引了更多的人前来游览。其中有几家文创商店是将这个街区从历史层面转换为文化创意的代表（表4），具体如下。

（1）保留着顺天外科医院招牌的"保安捌肆"是一座外观典雅的三层楼洋房，内部是四层楼的空间，有巴洛克拱柱的华丽和木制日式窗的沉稳。如今，保安捌肆作为咖啡厅使用，内部采用木质装潢的风格，流露出人文空间的气息，略有艺廊的氛围。为体现保安捌肆的医院元素，将门诊室的场景，用创意的方式呈现，墙上挂着医师袍、护士服和听诊器，让大家能够情景再现，更能感受该空间的文化气息。

（2）"蛙咖啡"，又名"蛙灶咖"，于2014年进驻迪化街的老房子，这里倡导"乐活、慢活"的生活态度，想告诉大家人生并不是只为钱拼命，有时必须稍微停下来，检视自己的梦想，并勇于去追求与实现。对于单车及生活的热情，在蛙咖啡都看得到，店内一面墙壁上挂着许多车友环岛的照片，大伙一起诉说着对单车的热爱。将开放式厨房纳入空间规划，使得老房子有了新生命，许多游客慕名而来。

（3）"民艺埕"是一栋三进式屋店，老建筑与台湾怀旧元素融合，成为大稻埕文化街屋，展出亚洲工艺家的创作，以酒、茶、陶艺与日本工艺大师作品传达思想，也规划出店铺、茶楼等休闲空间，使老屋有了新生命。

（4）"李亭香饼铺"是一家拥有百年历史的纯手工制饼店，近年来为

表4 大稻埕文创商店入驻点与创意商品介绍

保安捌肆

一楼的展览展示了几帧老照片和文宣，一旁还有旧时代的炮弹壳和钢盔，诉说着岁年沧桑；二楼有二手书店。虽然书店空间不大，但是古朴的摆设很有味道，木格屏风上装饰着许多不同表情的兔子图案，书店除了新旧书，也展售许多精美的文创商品，在书柜间出没的小画作品让人有种发现惊喜的快感

蛙咖啡

蛙咖啡的招牌是"冰蛙特调咖啡"，味道香醇，口感也不错，且蛙咖啡除了咖啡与单车租借服务，店内还贩卖蛙大（知名设计师）亲自设计的明信片、笔记本、胸章、车衣等，且每年还会推出不同主题的明信片，并融入台湾在地风情，非常有质感与特色

民艺埕

以民艺精神为主题，一楼有许多文创商品，皆是以台湾特色、大稻埕文化为主的文创商品，如明信片等，是游客购买伴手礼的好去处。图中以小笼包为台湾特色的代表，制作出调味罐，是具有创意特色的商品

续表4 大稻埕文创商店入驻点与创意商品介绍

李亭香饼铺

坚持着纯手工制饼的精神，李亭香更融合中西口味与技艺，将传统与创新兼容并蓄，根据节日设计相应的创意产品，也采用美好的寓意进行创新改造，将红龟改良成平安龟。以新颖设计和坚持保留传统味道的手法，将传统记忆和对祖先的爱继续发扬、传承下去

老桂坊

利用旧木材再生，表达环保的用意，让从旧屋拆下的原木重获新生，且老桂坊复合"饮品""文创""盆栽"和"家私"，协调融合着在地人、在地物、在地茶、在地工厂、在地作家与在地故事，将台湾文创、人文关怀、环保概念融入生活

福许来

为了打造国内外年轻人都爱不释手的时尚品位，将布艺制造、设计、开发或各种包袋、围裙、桌布等生活小物，赋予传统生活新的美学生命力，且福许来的食材也融入台湾在地好味道

印花乐

以"围绕着生活的创作"为核心，将台湾生态、台湾记忆，转化为新的创作元素，结合图案设计与印花织品，创造自在而有特色的印花生活风格

好攸光石刻

激光雕刻运用"网点透刻""精致切割"等，打造富有感情色彩的木制产品，不需用刀模轧型却可以实现细致、准确。店内贩卖的年节礼品、吊饰、卡片、杯垫、门牌、"台湾366"生日花系列产品都是运用激光雕刻技术刻字，是独特的纪念品和伴手礼

数据源：本研究整理

了顺应时代，融合了中西口味与技艺，再加上传统和创新兼容，是对传统文化的创新。

（5）"老桂坊"是一家运用"旧木材"再生进行装饰的文创商店。老桂坊的店名来自吴俊美外祖父的名字"郑老桂"，选择在迪化街是因为家里五代人都生活在大稻埕，她希望可以通过这家小店，来传承大稻埕的文化和故事。

（6）"福来许"是一家由几位在各个领域占有一席之地的年轻人共同创办的。他们不仅仅是将咖啡馆打造成汇集食材的私厨会馆及咖啡厅，更为充满设计能量的台湾文创商品提供了一个展示平台。

（7）"印花乐"是台湾设计师印花布品牌。在大稻埕共有两家店铺，因大稻埕为全台北布业重镇，而进驻，贩卖与设计印花布以及各式印花产品。来这里除了可以购买自己喜爱的印花产品外，也可以参加讲座与手作课程，通过印花创作，分享这片土地的美好生活记忆。

（8）"好攸光石刻"提供激光雕刻客制化服务，擅长多种材质雕刻，如纸张、皮革、木头、玻璃、压克力等，并尝试将各种材质复合，创作出各种商品。所有创意商店都通过创意商品来体现（数据源：走读大同文化之旅和大稻埕古迹巡礼）。

6 结语

由于具有台北市历史发展的遗脉，大稻埕一直是台北市文化旅游不可或缺的景点。在清代与日据时期，大稻埕是台湾人聚集与商业繁盛的市街地区，聚集了大批茶业与中药材批发等对外贸易的重要商家，是台湾文学与思想文化萌芽的重要场域，也是台湾人重要的娱乐与消费场所。历史更迭，虽然大稻埕经历了台北市商圈移转的没落，但却在台北市重新启动都市更新计划的带领下，成为台北市一个重要的文化旅游景点，它代表了台湾闽南文化与历史遗产的承续传统，充分呈现台湾历史与文化发展的过程，是台湾历史发展的一个缩影。近年来，台北市政府大力推动的文化产业政策带动了许多文化创意产业产品与活动进入这个历史街区，改造了这个地区的街景与文化氛围，逐渐形成文化创意聚焦的空间形态，不只吸引了许多创意人士投入这个地区的发展与产业振兴，同时结合当地的传统文化元素，创造了新的文化产品，吸引了更多的观光客来此观光与消费。这个新的转变，说明借由文化创意观光客增加了对活动参与的兴趣与热忱，让大稻埕这个具有历史传统的街区转换为创意导向的街区。不同于过去文化旅游的方式，我们称这个带动转变的力量为"创意旅游"。

参考文献

[1] OECD, Focus on citizens: public engagement for better policy and service, 2009.[EB/OL]: http://www19.iadb.org/intal/intalcdi/pe/2009/03785.Pdf.

[2] 文辉，崔耀富. 文化提升南川旅游产业[J]. 重庆与世界, 2010（8）: 27.

[3] Richards, G. Raymond, C. Creative tourism [J]. ATLAS News, 2000, 23: 16-20.

[4] CO. Towards sustainable strategies for creative tourism[J]. Discussion Report of the Planning Meeting for 2008 International Conference on Creative Tourism, Santa Fe, New Mexico, U.S.A., 2006, 11(200): 25-27.

[5] Rudan, E. Razvojne perspektive kretivnoga turizma Hrvatske[J]. Ekonomska misao i praksa, 2012, 21(7.2): 719.

[6] Lindroth, K., Ritalahti, J, Soisalon-Soininen, T. Creative tourism in destination development[J]. Tourism Review, 2007, 62(3-4): 55

[7] Evans, Grame. Creative spaces, tourism and the city. In: G. Richards and J. Wilson (eds.) Tourism, Creativity and Development. London [M]. Routledge, 2007.

[8] Fundação de Serralves. Estudo Macroeconómico Para o Desenvolvimento de um Cluster de Indústrias Criativas na Região Norte [Macro-economic Study for the Development of a Creative Industries[R]. 2008.

[9] Emilova, I, Creative Dimensions in the Tourist Industry2011[EB/OL]. Retrieve from http://eprints.nbu.bg/1468/1/Creative_dimentions_tourism.pdf.

[10] Richards, G and Raymond, C. Creative tourism[J]. ATLAS News, 2000, 23: 16-20.

[11] Richards, G.Wilson, J. Developing creativity in tourist experiences: a solution to the serial reproduction of culture?[J].Tourism Management, 2005, 17(6): 1209-1223.

[12] Ritzer, G..Enchanting a disenchanted world: revolutionizing the means of consumption[J]. Thousand Oaks, CA: Pine Forge Press, 1999.

[13] Miettinen, S. Crafts tourism in LaplandIn G..Richards. Developing and marketing crafts tourism[J]. Tilburg: ATLAS, 1999: 89-103.

[14] Lutyens, D..Bright young Finns[J]. Observer Magazine, 2004, 3(7): 46-49.

[15] G. Richards, J. Wilson, Developing creativity in tourist experiences: A solution to the serial reproduction of culture?[J]. Tourism Management, 2006(27): 1209-1223.

[16] 缤纷迪化街. 台北: 大意犹未尽——大稻埕. [EB/OL]. http//library.Taiwanschoolnet.org/cyberfair2012/bluereallyone/dihuastreet-1.htm.

[17] MOOK景点家旅游生活网编辑部整理报道. 8大必游! 大稻埕这样玩最在地. [EB/OL]: https://sanwen8.cn/p/2e8KfxZ.Html.

[18] 台北村落之声——大稻埕, nd, 巷子内工作坊. 台北: 台北村落之声——大稻埕. [EB/OL]: http://www.urstaipei.net/.

[19] 谢明瑞. 文创产业与都市更新-URS[R]. 2013.

[20] 台北人情味(WAY)创意街区. [EB/OL]: http://www.cityyeast.com/passion_show.php?newstype_id2=36&news_id=587.

[21] 走读大同文化之旅, 观光传播局（宣传册）.

[22] 2012年6月9日新闻报导, 观光局决定舍弃康青龙的光点计划, 改纳入大稻埕、北投进行的"北区光点"宣传.

[23] 大稻埕古迹巡礼, nd, 街道店铺. 台北: 大稻埕古迹巡礼. [EB/OL]. (2004-11-7): http://reading.gov.taipei/ct.asp?xItem=87508533&CtNode=74984&mp=100021.

体验式工业旅游开发与设计——以德国沃尔夫斯堡大众汽车城为例

Developing and Designing Industrial Tourism Experiences: A Case from Volkswagen Autostadt in Wolfsburg,Germany

文 / 路丽君　汪　芳

【摘　要】

随着经济发展模式的转变，旅游逐渐由观光型向体验型转型。这也为工业区带来新的发展机遇。正是通过体验式旅游建设，德国沃尔夫斯堡市的大众汽车城从一个工业厂房区发展为植根企业文化、融合多功能、深受游客喜爱的综合性公园。本文对体验式旅游的发展现状和开发与理论方法进行探讨，同时结合沃尔夫斯堡市大众汽车城的案例，得到企业文化与旅游的并行开发、多功能融合的公园设计、创意与体验的无缝交互等开发设计思路，并在此基础上对体验式旅游带动整个城市的更新方式进行思考，为中国的工业体验式旅游发展提出对策。

【关键词】

工业旅游；体验式旅游；大众汽车城；规划设计；德国沃尔夫斯堡

【作者简介】

路丽君　北京大学建筑与景观设计学院/中德城镇化与地方性研究实验室硕士研究生

汪　芳　通讯作者，北京大学建筑与景观设计学院教授，中德城镇化与地方性研究实验室主任

注：本文图片除标注外均由北京大学中德城镇化与地方性研究实验室提供。

1 引言

经济演进的过程已从过去的农业经济、工业经济、服务经济转变至"体验式经济"[1]。"体验式经济"关注的是，满足人们对于经历本身的需求的行为，同时聚焦于用户对于体验要素的反应和运用方式，也包括产品、服务的消费过程的体验性[2]。在体验经济背景下，旅游业也面临着变化。面对消费者日益增长与变化的需求，"体验式旅游"作为发展趋势，为旅游产业带来新的增长点[3]。

随着体验经济的发展，工业旅游作为工业区除生产之外的另一重要功能，其发展呈现多模式开发、注重游客体验的特点。本文以德国沃尔夫斯堡市（Wolfsburg）的大众汽车城（Volkswagen Autostadt）为例，阐述体验经济下工业区体验式旅游开发设计的思路与方法。沃尔夫斯堡是一座依托大众汽车公司而存在的城市，大众汽车城也依托于大众汽车总部形成（图1）。1994年，大众公司决定在沃尔夫斯堡修建一个提车处，同时也可作为体验式的休闲项目，后来成为汽车主题公园。如今，大众汽车城已成为兼具游憩、购物、试车、音乐会等各项功能的综合公园。本研究即围绕汽车城主题公园的设计特点，探讨体验式旅游与工业产业的结合方法，以及主题公园的设计思路。

2 工业旅游的体验式产品开发

2.1 体验式旅游内涵与需求

体验经济中的"体验"（experience）即，企业以完全个人化的方式逐渐赋予用户一件值得记忆的事件并使之在其中获得享受[4]。因此，体验是主体与企业在某种场景中的互动，是个性化的而不是统一性的。从旅游产业的角度看，"体验是旅游的本质"[5]。有学者提出，旅游的整个过程就像一个剧场，游客机构等管理系统是节目的导演，当地的居民等是演员，节目观众则是游客，游客本身被带入场景中，个体的"体验"取决于各方提供的整个关系网络的质量[6]。

基于体验经济的理论，体验式旅游可以分为四类，即：娱乐（entertainment）、教育（education）、审美（estheticism）和遁世（escape）。其中，娱乐可以定义为用户被动地通过他们的感觉来吸收体验，正如看表演、听音乐一样；教育侧重于在提升知识水平和技能的过程中，用户进行心灵和身体的互动；审美指的是用户把自己放入某事件或背景中，自己受到触动而外在环境等并没有变；遁世指的是一个人较深地沉浸和积极地投入某个新环境中。这四种体验不单独存在，受一个场景中各项刺激要素影响而综合产生[7]。为了提供游客以体验，旅游地会逐渐成为一个秩序化的系统[8]。如今，体验式旅游的研究多侧重于各体验要素的相关性、旅游地资源评价与开发模式。对台湾若干创意产业园旅游的调查研究显示，美学和文化类要素对游客体验的增强作用明显，游客的四种体验的强度对整个体验的媒介要素的反应程度以及体验满意值有积极作用[9]。在研究方法上，ASEB栅格式分析法是测量体验型消费与提供方资源契合度的常用方法，如呼和浩特市旅游资源评价研究与旅游产品谱系的建立[10]。

图1 德国沃尔夫斯堡市的卫星影像图及大众汽车城的区位　　**图片来源：Google Earth**

2.2 开发实践

以文化旅游为主要形式的工业旅游,可分为对工业产区的拜访和已经停产一段时间的工业遗产旅游[11]。本文将探讨仍在工业生产的厂区的体验式旅游,即一个企业把自己的生产厂区向公众开放,以使参观者或者消费者学习生产过程、产品特点、企业历史[12]。工业旅游并非是简单的工业加旅游,而是企业资源与游客活动相结合的产品。因此,使工业资源和游客爱好更好地结合成为发展工业旅游的关键。如今,工业的体验式旅游已经囊括了多种工业类型,经营丰富多样的产品,包括食品、饮料、衣服、器械、汽车、玩具、陶器、玻璃器皿、体育用品,等等[13]。美国加利福尼亚纳帕谷(Napa Valley)的酒产业发达,酒庄旅游已经成为葡萄酒销售的重要途径之一[14](图2);台湾工业发展局建立了协助制造业工厂发展工业旅游的项目,使企业同时发展旅游业和制造业,目前整个台湾已有至少145家工厂开始发展旅游业[15];重庆长安汽车工业园、山西杏花村汾酒厂区也具有一定的知名度[16]。

工业旅游可以为企业带来很多的优势,包括无形的和有形的。无形的影响包括获得良好的声誉、建立与公众的关系、提升品牌形象、在消费者和品牌之间建立联系、提高品牌忠诚度,等等[17];有形的影响则是可以展示商品、提高销售量、从工业旅游的门票中获利,等等[18]。另外,工业旅游的兴起也可以带动整个城市及周边地区的经济发展[19]。以工业旅游为重要产业带动区域发展的城市有日本名古屋(なごやし)、法国卢瓦尔河地区(Pays de la Loire)、意大利都灵(Torino)、德国沃尔夫斯堡(Wolfsburg)和科隆(Köln)、荷兰鹿特丹(Rotterdam)等,它们主要集中开发自己的特色企业文化,采用的是多功能设计,收益更多的不是工业产品及门票,而是因体验旅游带动的住宿餐饮产业等[20]。

2.3 设计策略

在工业旅游的体验设计中,运用了体验经济中的"市场体验"、人与产品交互中的"用户体验"以及"体验美学"。通过整合,提出一个带有工业知识、深度用户体验、体验美学的"创新体验设计模式":工厂的文化社会背景与内涵是各个要素整合的大环境,"体验市场"和"体验模块理论"、交互理论中的"用户体验"都被一起用来发展产品,企业得到用户评价与反馈于企业从而更好地调整设计。这种模式强调的是,产品具有使用价值的同时更具有一种情感价值,如对过去回忆的唤醒、新想法的诱导、个人认同的表现等以致最后产生愉悦、满意的体验(人与产品交互中的"用户体验")[21]。其中,"体验模块理论"属于"体验市场"的一部分,包括感官体验、情感体验、思考体验、生活体验、连接体验(连接前四种体验,也连接不同社会人群和文化系统)[22]。"体验美学"理论强调美学来自于生活,美学感知则来自于用户和互动产品之间的作用,美学感知出现在整个过程中,并整合着用户对交互系统的理解和运用,所以在设计中应该注重使用背景、使用者体验和交互界面,从而产生有效的交互,让受众或参与者体验到文化内涵,以及艺术创作者创作背后的深刻含义[23]。

另外,基于四种体验类型,有学者提出应从品牌和声誉、体验设施、服务质量、客户固定和调整、员工的参与和体验五个因子入手进行开发和设计[24]。企业文化在品牌价值中占有重要地位[25]。英国森德兰国家玻璃中心的工业旅游采用精心设计与巧妙管理相结合的方式,国家玻璃中心屋顶和立于其上的中心招牌均采用磨砂玻璃,采用艺术包装造型传递信息的手法可以扩展到远距离的地铁站,同时具有"随中心建筑的空间系列展开"的"玻璃之旅",以及产学研结合、会员制等不断更新的管理方式[26]。除此之外,有学者指出中国工业旅游的十种设计模式,分别是"城市型(大庆)、商品型(华富)、中心型(海尔)、景观型(丰满)、扩展型(一汽)、场景型(鞍钢)、产品型(沈航)、文化型(汾酒)、外延型(隆力奇)、综合型(泰达)"[27]。

3 大众汽车城体验式旅游开发设计分析

沃尔夫斯堡汽车城依托于大众汽车总部厂房,总面积超过35个足球场,从整体园区到景观小品的规划设计,贯穿着体验式旅游的思路。

3.1 企业文化与旅游的并行开发

企业文化在品牌价值中占有重要地位。大众的企业文化是什么?在大众品牌官网上,大众对于自己品牌的评价是:大众品牌代表着创新、高品质和可靠的汽车。

大众汽车城主题公园的开发项目与产品设计,大到园区整体风格、

图2 美国纳帕谷的葡萄庄园　　　　　　　　　　　　　　　　　　　　　　　　　　　　　　图片来源：摄图网

建筑单体，小到旅游商品，都与大众企业及其内在文化紧密结合。整体风格以亲近自然的公园串连各个工业展示馆，给游人的感受是亲切、放松，丝毫没有工业区管线摆设、机械错落的感觉（图3）。相反，各个设施和工业展示馆点缀于自然风景中，可见大众汽车城不是在展示而是在以顾客的愉悦体验为宗旨。对于已有建筑的处理，采用滨水空间创造出娱乐场所。游客在仿制的沙滩上放松（图4），以欣赏风景的视角欣赏具有80年历史的建筑，体验高品质的生活。新的建筑风格简约而给人时代的气息，让人自然而然地想到大众汽车多样而又低调的风格，如取车的汽车塔（图

5）、保时捷汽车展示馆（图6）等。旅游商品围绕汽车开发，汽车城的文化氛围使得汽车模型成为较受关注的旅游产品。科技馆以"创新"的气息感染游客，以让人们参与到最新的科技成果中作为主要展示方式（图7），从而学习到新的知识。

3.2 多功能融合的公园设计

大众汽车城是一座注重参与的、具有多种模式和功能的主题公园。它不只有汽车展示，还有与之相融合的儿童娱乐设施、音乐馆、试车场、种植园、松鼠等小动物的栖息地、马戏团表演场地、度假沙滩、自然风景等（图8）。之所以称之为"融

合"，是因为它并不是把某项功能单独设立一个区，而是各个功能相互穿插，即在欣赏马戏团表演时可以眺望远处试车的场景，在欣赏模型时可以领略自然的美景。由于保时捷场馆具有良好的聚声效果，无展览时则作为音乐馆，儿童游玩场所散布各处且不拘泥于某一个区，因此主题公园各处都有各个年龄段的游客，娱乐、教育、审美和遁世四种体验相互交织、融合。

3.3 创意与体验的无缝交互

人与产品交互中的"用户体验""体验美学"理论被运用到工业旅游的体验设计中，即关注文化与艺

图3 园区的自然风格设计景象

图4 沙滩与大众总部建筑遗产

图5 具备取车功能的汽车塔

术结合而成的产品带给人的情感,"体验"在这个园区的设计中备受关注。同时,这里的体验是与创意结合在一起的。比如,主题公园尤其注意动植物对游客的吸引力,游客可以与小动物互动,可以驻足在桥上旋转的种植滚筒中体验植物的生长(图9),场地的设计注重这些吸引物与游客的互动,私密空间与开放空间恰到好处地促进着这样的互动；在游客设施的设计上，位置摆放是一种艺术，缓坡上的座椅不仅为游人提供一个观看的视角，同时坐者的姿势也蕴含雕塑的意味。另外，这里最突出的是游戏设施，设施的简洁与企业文化相呼应，能够为丰富的活动提供更多的选择，在白色气垫上儿童可以尽情释放活力，木桩组成的儿童攀爬等娱乐设施以"寓教于游"的方式为他们带来更为自然的娱乐体验。

汽车的生产与展示在以汽车为主题的综合公园中仍然占有较大的比重。大众汽车城的汽车塔内部（图10），其功能主要是作为提车的地方，现如今对游客开放，使游客能够近距离地观摩汽车被运走的场景，它设计的巧妙之处在于把提车塔的高耸与

图6 保时捷汽车展示馆

图7 科技馆一角

多层车辆叠放的震撼效果全方位地展示在人们眼前，现代化的提车系统可引发游客的兴趣。其旁边为装配车间，从工厂到车塔，一天有四五百辆车的运输量，现开放参观，让人们了解整个提车的过程。在开敞的外部空间，有样式别致的古董汽车展示品，它们被放置于绿色的室外草坪上，绿草、玻璃的简约清爽、环境设计的安静舒适有利于艺术氛围的营造。

4 总结与借鉴

工业区的体验式旅游促使游客在沃尔夫斯堡停留，为此整个城市会为各地游客提供食宿餐饮、购物消费等服务，从而推动城市的产业转型和经济发展。沃尔夫斯堡市从形成到兴起都与大众汽车城关系密切，现如今，大众汽车城面临体验式旅游开发，沃尔夫斯堡的规划设计也随之发生变化，具体表现为：①运河两岸联系更为紧密。沃尔夫斯堡城被运河分割为工业区和居住区两部分，原来1988年的规划沿河两边均为停车场，连通性很差，如今，随着旅游的开发，此地被改造为绿地，把停车场放在地下，地面主要是住宅和绿地，同时部分桥梁改作隧道，并在部分地区加建桥梁，加强两岸的沟通；同时，规划设计关注河岸的建筑天际线和视线走廊，能够看到河岸1.4km长的保护建筑。②街道的步行功能强化。随着体验深入人心，城市的街道也由原来的以车辆通行为主逐渐转变为多种功能的街道并存，如Paosha大街于40年前由四车道机动车道改造成单车道，两边为商业街，以提供丰富的步行体验。③绿地逐渐形成体系。城市总体规划采用"点状建筑、大片绿地、地下停车、汽车业导向"的原则，以沃尔夫斯城堡、大剧院为两端形成城市轴线，绿地贯穿每一个地方，大众汽车城作为城市的一部分也被绿色覆盖，两岸逐渐平衡，居民和游客的体验更为舒适。④产业结构多样化。沃尔夫斯堡市的产业由单一的汽车制造业变为工业和旅游业结合，因此整个城市的商业也被带动起来，商业空间需求随之增多，同时带动城市更新。

工业的体验式旅游把工业产业与旅游消费有效结合起来。鉴于中国工业体验式旅游目前呈现精彩纷呈的局面，大众汽车城的开发可提供如下借鉴。

（1）挖掘企业文化，突出特色

儿童娱乐设施

试车场地

种植园

水上马戏团表演场地

图8 汽车城内的各种配套设施

主题。中国有很多国际知名企业，经过历史的筛选与时间的验证，其企业文化具有丰富而厚重的特点。工业旅游要保持活力，产品展示与生产过程体验只是很初步的开发，把企业文化挖掘并体现出来才能真正经营出有特色的主题，成为联系企业经营与游客之间的纽带，使企业发展与旅游开发两者共同推进。参考大众汽车城，其企业文化可谓体现在园区中的每一处细节，因此，我们需要做的是，从园区的规划设计、产品体验，到细小的设施、旅游商品，均以企业文化为核心对其进行推敲，这不单单是一种突出的外在表现，更是要以"创新""耐心"等内在品质指导设计，最后才能让文化带动消费。

（2）以多功能综合园区代替单一功能的旅游观光。工业区最初只具备单调的生产功能，而一旦开发旅游，则是将吃、住、行、游、购、娱结合，成为提供一种生活方式的地方。现在，中国的工业旅游主要以观光为主，游客停留时间较短，而地区发展需要更好的带动。参考德国大众汽车城，体验式的工业旅游应该是娱乐、教育、审美和遁世的4E体验交织在一起，此时工业只是一个导引，园区开发把各种体验融汇在一起，实现复合型的多功能综合园区。

（3）注重个性化产品塑造及其交互体验。旅游产品由旅游吸引物、设施和服务三要素构成。一方面，个性化产品塑造意味着对此三种类型都围绕顾客的不同特点进行有针对性的设计；另一方面，"交互体验"侧重的是人与产品互动带来的情感反应，比如对过去回忆的唤醒、新想法的诱导等，要达成这样的效果，需要

图9 种植园

的是细腻的策划与创新的设计，正如大众汽车城里缓坡上的座椅与旋转的盆栽。目前，中国工业区的旅游设计多为大众功能，需要加强激发人们情感的交互体验与有针对性的细节和创新设计。

体验式工业旅游是企业文化引导、多种体验结合的旅游方式。如今，很多企业打开大门迎接游客、展示自己的工业实力是一以贯之的旅游主题，那么，"工业"与"旅游"孰轻孰重？如果给游人一个再次回顾的机会，吸引他们的或许不仅仅是工业流程和技术知识的传播，更多的是以工业为导线的、放松自我的有趣经历和大开脑洞的新奇体验。

图10 汽车塔内部

致谢

中德城镇化与地方性研究实验室（the Sino-German Joint Laboratory on Urbanization and Locality Research, UAL），由北京大学建筑与景观设计学院、德国莱布尼兹汉诺威大学建筑与景观学院联合设立。此次参加调研的中方成员包括汪芳教授、李双成教授、吴必虎教授，研究生刘清愔、路丽君、胡文颖、贺靖、林诗婷、何昊，他们为本文提供了照片。同时，德方成员，Martin Prominski教授、Rüdiger Prasse教授、Carl Herwarth von Bittenfeld教授及其团队，为本研究提供考察安排和素材收集。

基金资助

中德双边合作研究项目（GZ1201，由中国国家自然科学基金委员会NSFC、德国科学基金会DFG共同设立的中德科学中心资助）

参考文献

[1] Nd P. B., Gilmore J. H.. Welcome to the experience economy[J]. Harvard Business Review, 1998, 76(4): 97.

[2] Sundbo J., Sørensen F.. Handbook on the experience economy[M]. Cheltenham and Camberley: Edward Elgar Publishing, 2015.

[3] 潘海颖. 基于生活美学的旅游审美探析——从观光到休闲[J]. 旅游学刊, 2016, 31(6): 73-81.

[4] 同[2].

[5] 方雨, 黄翔. 社会大众视角下的旅游本质研究——基于扎根理论分析方法[J]. 旅游研究, 2017, 9(4): 21-28.

[6] Pencarelli T., Forlani F.. Marketing of touristic districts-viable systems in the experience economy[J]. Sinergie Italian journal of management, 2016, 34: 199-238.

[7] Chang S. H., Lin R. T.. Building a total customer experience model: applications for the travel experiences in Taiwan's creative life industry[J]. Journal of Travel & Tourism Marketing, 2015, 32(4): 438-453.

[8] 同[7].

[9] 同[7].

[10] 邓晓霞, 严艳. 基于ASEB栅格分析法的旅游产品深度开发研究——以呼和浩特市为例[J]. 干旱区资源与环境, 2012, 26(1): 128-134.

[11] Vargas-Sánchez A., Porras-Bueno N., & Ángeles Plaza-Mejía M.. Industrial Tourism[J]. Encyclopedia of Tourism, 2015, 1-3.

[12] Otgaar, A.. Towards a common agenda for the development of industrial tourism[J]. Tourism Management Perspectives, 2012, 4, 86-91.

[13] Mitchell M. A., Orwig R. A.. Consumer experience tourism and brand bonding[J]. Journal of Product & Brand Management, 2002, 11(1): 30-41.

[14] Sigala M.. Wine tourism around the world: development, management and markets[J]. International Journal of Hospitality Management, 2014, 21(1): 102-104.

[15] Chow H., Ling G., Yen I., & Hwang K.. Building brand equity through industrial tourism[J]. Asia Pacific Management Review, 2017, 22(2): 70-79.

[16] 任小红, 韩景. 基于SWOT分析的山西杏花村酒文化旅游开发探析[J]. 国土与自然资源研究, 2015, (6): 87-90.

[17] 同[13].

[18] 同[15].

[19] Otgaar A., Klijs J.. The regional economic effects of industrial tourism development[A]. In Paper presented at the 50th European Congress of the Regional Science Association International, 2010, 19-23.

[20] 同[19].

[21] Hsieh H. C. L., Guo J. A., & Luo F. Y.. Construction of experience aesthetics centered innovative experience design model for tourism factories-example of industries in Douliu Industrial Park in Yunlin County[C] // International Conference on Applied System Innovation. IEEE, 2017, 1395-1398.

[22] Schmitt H. B.. Experiential marketing[M]. New York: The Free Press, 1999.

[23] Petersen M. G., Iversen O. S., Krogh P. G., & Ludvigsen M.. Aesthetic interaction: a pragmatist's aesthetics of interactive systems[C] // Conference on Designing Interactive Systems: Processes. DBLP, 2004, 5(9): 269-276.

[24] Jing J.. Key factors and calculation model of experience innovation management - the discussion of industrial tourism under the experience economy[C] // International Conference on Business Computing & Global Informatization. IEEE, 2012: 465-468.

[25] Blair T. C., Chiou, S.. The impact of brand knowledge on consumers of different genders and from different cultures[J]. Asia Pacific Management Review, 2014, 19(1): 47-59.

[26] 颜亚玉. 英国工业旅游的开发与经营管理[J]. 经济管理, 2005, (19): 76-79.

[27] 吴相利. 中国工业旅游产品开发模式研究[J]. 桂林旅游高等专科学校学报, 2003, 14(3): 43-47.

英国小城镇旅游：分布特征、发展类型与经验借鉴

Tourism Development in British Towns: Spatial Distribution, Development Patterns and Implications for China

文 / 戴林琳 郭诗诗

【摘　要】

小城镇是新型城镇化体系的重要构成，而旅游产业已成为中国特色小镇建设的重要抓手之一。本文归纳总结了英国小城镇旅游的总体特征及其空间分布，将其划分为自然资源型、历史遗存型、传统文化型以及田园新城型等四大类型，并结合典型案例城镇对其特色进行了解析，进而针对中国特色小镇建设，从地区特色、管理机制、基础设施、区域合作等四个方面提出了启示和建议。

【关键词】

英国小城镇；小城镇旅游；特色小镇

【作者简介】

戴林琳　北京大学城市与环境学院副教授

郭诗诗　北京大学城市与环境学院本科生

注：本文图片除特殊标注外均由作者提供。

1 引言

小城镇发展一直是我国城镇化方针的战略重点,它作为农村人口实现就地城镇化的重要空间载体,对于新型城镇化进程的推进具有重要作用。中共十九大报告也指出,"以城市群为主体构建大中小城市和小城镇协调发展的城镇格局,加快农业转移人口市民化"。然而从"小城镇,大战略"的实际结果来看,目前我国小城镇发展仍明显滞后[1]。随着交通设施的完善、互联网技术的发展,小城镇与大城市之间的交通和通信问题得到解决,再加上自身的生态环境、文化资源、物价水平等优势,小城镇具备了吸引现代服务业及人口的条件。因此,迫切需要重新认识小城镇的发展模式和功能定位,充分发挥小城镇在城镇体系中承上启下的职能,解决目前存在的设施落后、产业薄弱、人口流失、服务水平低等诸多问题。

西方国家小城镇的发展经验表明,小城镇仍然是城镇化水平较高的发达国家城镇人口聚集的重要空间载体。英国是世界上最早步入城镇化同时最早进行城镇化反思的国家。早期工业革命时期,英国城镇通过工业获得了飞速发展,同时也产生了许多环境问题。霍华德基于此提出了田园城市的构想,意图建设环境优美,生态和谐,兼具城市与乡村优点的小城镇[2],为居民提供充足的工作机会、舒适的居住场所以及景观绿地中的休闲娱乐场所。这一理论在英国得到了应用与实践,并对欧美其他国家产生了巨大影响。此外,在英国小城镇的规划建设进程中,地域文化资源和历史文化遗存也得到了广泛的重视,早在1953年,英国就颁布了《历史建筑和古老建筑保护法》等法律法规。

英国已形成了乡村—小城镇—中心城市的城镇体系,充分发挥了小城镇在合理配置城乡资源、平衡区域经济发展、实现城乡一体化等方面的作用。在每个中心城市周边都有数量不等、规模不一、规划合理、环境优美、设施完善、富有活力的小城镇,一方面为英国人提供了舒适宜居的工作及生活环境,另一方面也与英国最美乡村一起共同构成"田园英国"的最佳旅游吸引物。英国最美在乡村,乡村户外徒步是英国人最为钟爱的休闲方式之一。英国乡村地区分布有15个国家公园和大量的旅游小镇,前者为英国人提供了充足的户外游憩空间,后者既保留了传统景观特色,也作为区域性的旅游交通集散地及旅游设施服务集中供给地,二者共同构成了英国户外休闲旅游目的地(图1)。

图1 英国拜伯里小镇　　　　　　　彭婷婷/摄

2 英国小城镇旅游空间特征

作为现代旅游业的诞生地,英国有着丰富多样的旅游资源,旅游业也在经济结构中占据重要比重。据统计,2015年英国旅游业直接和间接收入达1060亿英镑,提供260万个就业机会[3],全年游客量达13亿人次[4]。英国境内旅游主要包括一日游和多日游两种方式,前者多见于城镇购物、乡村和海边游憩;后者多为度假行为,且更为常见。而小城镇则是上述英国境内旅游活动的主要目的地之一。游客通常选择某个小城镇作为驻地,选择乡村旅社(B&B)或者庄园(manor)住宿,以此为中心在周边徒步或游憩,之后再转移至另一个小城镇。

作为英国独具特色的聚落形式,小城镇介于城市和乡村之间,具备了二者各自的优势,同时也是二者社会、经济和物质空间有机联系的纽带。这些小城镇一般来说人口规模较小,在10万人以下,在历史渊源、交通士和苏格兰地区，英国小城镇旅游主要集中在苏格兰峰区（高地）、英格兰湖区、科茨沃尔德地区、南部滨海小城镇四大区域（图2）。这些区域分布有多个小城镇旅游业集群，每个小城镇具有各自的风貌特色和人文资源，承担多样化的旅游服务功能，同时系统整合周边的自然和人文景观，共同构成区域型的旅游吸引力，吸引游客在此区域停留多日和消费。因此，小城镇可以说是英国境内旅游重要的空间载体和吸引物。

3 英国小城镇旅游类型划分及典型案例

英国小城镇旅游以旅游资源状况及主要旅游吸引物为分类依据，可以分为四种类型：自然资源型、历史遗存型、传统文化型以及田园新城型。其中，自然资源型、历史遗存型、传统文化型分别以自然资源、历史遗产、人文传统要素为主要旅游吸引物来吸引游客，而田园新城型小城镇指的是按照霍华德田园城市等理论建设而成的田园新城，并以此为主要旅游吸引物。

3.1 自然资源型小城镇

英国尽管只是一个国土面积不足25万平方公里的岛国，却拥有山林、河川与海岸等多样化的自然地貌和动植物资源。静谧的山野丛林、舒适的河畔风光、热情的阳光海滩以及因地质环境而衍生的化石、温泉等自然要素共同构成了自然资源型小城镇的旅游吸引力。以英国南部滨海地区为例，分布有布莱顿、朴次茅斯等多个海滨旅游度假胜地。

图2 英国小城镇旅游业集群分布

区位、资源特色、公共服务等方面具有一定的共性。从历史渊源来说，小城镇多在乡村集镇的基础上发展而来，具有一定的历史遗存。在交通区位上，由于英国国土面积较小，铁路及长途巴士等公共交通工具是境内旅游的主要出行方式，而小城镇基本都被铁路及长途巴士站点覆盖，游客可以便捷地到达，并以此为集散地，进入周边广袤的乡村地域。从资源特色来说，小城镇通常位于中心城市的郊区或乡村地区，周边具有良好的乡村景观，镇区内通常有着保存良好的街巷机理、传统建筑风貌、步行商业街区及教堂、市政厅等地标性建筑景观，以及本地特色的小商店和作坊等传统工艺传承。而在公共服务方面，由于英国基本上没有城乡差距，因此在所有小城镇内，通常具有完善的行政、文化、医疗、教育等公共服务设施。

在大不列颠岛的英格兰、威尔

图3 英国莱德镇滨海景观

图4 英国怀特岛海上栈桥

图5 英国纽波特街景

图6 英国纽波特码头仓库改造

图7 英国纽波特码头仓库景观

怀特岛是其中的一个度假岛屿，具有舒适的气候、海滨风光、丘陵地貌和丰富的植被和动物，自维多利亚时期便成为英格兰的度假胜地，同时岛上有纽波特、莱德等小城镇以及多个野生动物园等游乐园区（图3、图4）。

纽波特位于怀特岛中心地带，在罗马时期的聚居点基础上发展而来，人口不足3万人，但是却是岛内的交通枢纽，连接岛内其他所有的城镇，同时也提供了岛内主要的购物及公共服务设施。纽波特除了为游客提供主要的旅游服务设施之外，自2002年起还是怀特岛音乐节的举办场地。此外，由于城镇内有内河穿越，曾经是英国船只制造的重要基地，与海对岸的朴茨茅斯海军基地有着紧密的联系，随着制造业的衰退，曾经的码头和仓库自20世纪60年代开始了改造更新，成为工作室、博物馆、美术画廊等文化产业的场地。纽波特当时面临的工业衰退问题，曾经是英国工业化时代后期小城镇乃至大城市面临的普遍困境，通过旅游业和文化产业的发展，这些城镇实现了产业转型（图5~图7）。

3.2 历史遗存型小城镇

历史遗存是众多旅游地的重要品牌和吸引物。英国小城镇中很大比例具有悠久的城镇历史，保存大量优质的历史建筑、历史街区等文化遗产，

图8 英国温莎城堡

图9 英国温莎小镇街景

对地域文化特色进行了较好的传承与发展。城堡是英国建筑遗存的重要类型，作为一种防御建筑遍布英国境内，已成为英国文化的一种象征。依托城堡生长出了一些城镇，大到爱丁堡，小到温莎。以温莎为例，整个小城镇围绕威廉一世时期始建的英国王室行宫——温莎城堡发展而来。

温莎位于伦敦西郊约35公里处，与毗邻的城镇伊顿隔河相望，有3.2万人口。作为著名的旅游目的地，温莎凭借的不仅仅是温莎城堡的历史遗产，还有良好舒适的城市氛围与便捷的对外联系。温莎充分依托伦敦国际旅游目的地的客源资源，被纳入伦敦多条旅游线路中，同时，还提供往返伦敦希思罗机场、市中心维多利亚长途汽车站和乐高温莎度假村的巴士服务，为游客提供方便的公共交通出行方式，也为当地居民的出行提供了便利。小镇在规划时便注重绿带保护，美化滨河空间和购物环境，同时组织泰晤士河上种类丰富的游船游线以及剧院、公园等公共场所的演出节目。除此以外，小镇旁还建有全球第二家乐高主题公园，为古典城市增加了新活力。通过旅游的带动，近十年来零售业一直是温莎当地经济的增长点。而零售业在为当地居民提供就业机会和基本服务的同时，也为地方政府提供了维护文物与历史建筑的主要经费，实现了遗产保护与利用的良性循环。事实上，温莎城堡除了游览功能之外，仍然保留了女王等王室成员的现实使用功能（图8、图9）。

3.3 传统文化型小城镇

英国小城镇除了保留大量物质空间形态的建筑遗产之外，还有历史人物、传统工艺、节事活动等非物质文化遗产和传统留存。英国小城镇对于此类资源的挖掘为传统文化要素注入了新的活力。为英格兰湖区的诸多小镇，如鲍内斯等，充分挖掘了英国作家波特的故居、故事等文化资源，使得游客在游览湖光山色的同时能够体验作家生活年代的文化传统。莎翁小镇斯特拉特福更是此类小城镇的代表。作为莎士比亚的故乡，莎翁小镇不光拥有数量丰富的历史建筑，更重要的是以莎翁戏剧为代表的英国传统戏剧文化底蕴。

莎翁小镇位于英国工业城市伯

明翰的郊区，距离城市35公里，人口2.7万，是以莎翁故乡为特色品牌的国际著名旅游目的地，每年游客量300万人次。小镇在发展的过程中完好地保存了大量历史遗址与建筑，包括剧院、名人故居等。游客除了可以欣赏丰富的建筑遗产和城镇风貌之外，还可以参与多个剧场的多样化戏剧文化体验。整个小镇的旅游产业基本都围绕莎士比亚展开，在城镇生活的各个层面都有莎翁元素的体现，例如旅游观光车的站点、旅游纪念品商店，餐厅装饰元素、剧场戏剧等，每年还举办各类戏剧节庆、创意市集等活动。依托莎士比亚出生地的文化资源，莎翁小镇在发展莎士比亚戏剧文化旅游核心产品的同时，还大力发展文化产业，延伸文化产业的上下游产业链条，吸引更多的游客到此短期游憩或长期度假，同时也进一步提升了城市活力（图10）。

3.4 田园新城型小城镇

英国不仅是现代工业的发源地，也是城市规划理论实验的重要场所，田园城市、新城运动等均发源于此，并在多个城镇建设中加以应用和实践，形成了诸多富有建设特色和时代意义的城市规划样板城市，吸引了大量规划设计界人士寻访，进而也成为新型的旅游城镇。莱奇沃思、韦林等田园城市、米尔顿·凯恩斯等新城以及剑桥、牛津等卫星城便是其中的代表。

莱奇沃思是城市发展史上的重要理论之一——田园城市的第一个实践，也是规划设计界的朝圣之地。小镇位于伦敦和剑桥之间，距离伦敦的通勤时间约为半小时，人口3.3万人。1898年霍华德提出田园城市理念，之后在1903年，莱奇沃思开始了全新的建设，在规划时便贯彻了田园城市的思想。小镇建设之初，产业以农业为主，渐渐引入工业，如汽车制造公司、出版企业等。随着城市的不断发展，新的社区及其配套设施

莎翁小镇街头的莎士比亚元素

莎翁小镇街景

莎翁小镇剧场

莎翁小镇街头观景点

莎翁小镇创意市集

图10 英国莎翁小镇

逐渐完善。如今整座城镇已成为重要的文化遗产，多部电影在此拍摄，连同周边优越的乡村景观资源与独特的旅游绿道体验，城镇的商业、旅游业也得到了快速的发展（图11）。

4 英国小城镇旅游对我国特色小镇建设的启示

近年来，随着特色小镇概念的提出，全国范围内掀起了特色小镇申报与建设的热潮，特色小镇成为国家、地方不同层面以及社会各界关注的热点。十九大报告中明确提出实施乡村振兴战略，实现城乡融合，更进一步推动了特色小镇这一创新经济模式的建设潮流。在住房城乡建设部、国家发展改革委、财政部等三部委联合开展的全国特色小镇培育中，2016年10月公布的第一批127个特色小镇根据主打特色可以分为六大类，分别是旅游发展型（占比51%）、历史文化型（占比18%）、工业发展型（占比15%）、农业服务型（占比12%）、民族聚居型（占比2%）和商贸流通型（占比2%）。从申报结果可以看出，旅游小镇占据了最高的比例，超过半数。历史文化小镇次之，同时也具备了发展旅游的潜力。特色小镇的核心是依托某一特色产业发展，融合产业、旅游、文化和社区功能。从特色小镇的建设标准来看，所有特色小镇要建设成AAA级以上景区，旅游发展型的特色小镇要按照AAAAA级景区标准建设。总体而言，文旅空间的构建和小镇特色的塑造是特色小镇建设的核心[5]。

与此同时，在特色小镇建设不断推进的过程中，出现了概念不清、定位不准、特色不鲜明、形式雷同、圈地造城等问题。有些小城镇在建设之初就出现了不同程度的偏差或不足，在后期的建设中也缺乏完善的运作机制和保障体制[6]。英国小城镇旅游产业的发展经验可以在一定程度上为中国旅游小镇的发展提供借鉴和帮助。

4.1 强化地区特色，推动文化创新性发展

目前，特色小镇的旅游产业发展存在的一个普遍问题是旅游产品单一，具有较高的同质性。大部分小镇仍停留在简单的观光、农事体验等产品阶段，小镇建设也多采用相似的仿古街区形式，甚至出现南北风格张冠李戴的情况，小镇旅游缺乏核心竞争力，难以可持续发展。旅游小镇，特别是位于同一自然地理分区的旅游资源可能类似，但是

图11 英国莱奇沃思小镇

对类似旅游资源的开发更需要结合小镇的自身特点，对其文化进行深入挖掘，开发多样化的旅游产品，从而打造小镇独特的旅游品牌。

英国小城镇的旅游资源无外乎自然资源、历史遗存、传统文化、田园新城等类型，除了自然地貌的差异之外，每个小城镇的城市形态、建筑风貌等有时具有一定的相似性。但是当游客深入每个小城镇时却可以体验不同的城市特色。这点主要得益于英国小城镇对于历史文化资源的活化利用，结合地域特色、历史背景和文化主题，并添加新时代特征，从而赋予小城镇独特的文化内涵。同时，在旅游产品设计中，考虑到不同游客的需求，提供了多样化的旅游产品，满足游客的个性化需求。例如在很多小城镇中都设有旅游线路（tour），但是每个小城镇会根据自身文化特色设置不同的线路产品，有的为地下体验线路，有的为幽灵重现线路，等等，这些线路通常会和本地的传说、传统等紧密结合。

4.2 健全管理机制，吸纳多利益主体参与

我国特色小镇一般规模较小，产业集聚的能力较弱，在进行旅游开发中常常面临财力短缺的问题。而在吸引外部投资的过程中，除了部分区位良好、资源突出的小镇之外，大多数小镇很难成为战略投资者的投资重点。在旅游小镇的建设中，地方政府应更多地从政策上提供支持，吸引民间资本等多利益主体参与融资以及规划实施。

在英国小城镇的旅游发展过程中，地方政府对旅游产业的培育起到了协调作用，并将重点放在旅游宣传上。此外，非营利性公共组织也参与其中，例如英国遗产历史建筑和古迹委员会专门管理和宣传英国的文化遗产，除了提供景点信息查询和推荐之外，还提供不同类型的优惠通票，以鼓励游客参观不同的景点。在地方性活动组织方面，小镇居民也是重要的参与者。除了参与旅游接待服务之外，居民或社会团体经常以志愿者的形式参与不同的地方活动，包括维护地方卫生与景观、组织旅游线路等。

4.3 完善基础设施，提供多样化信息服务

便利的对外交通在很多小城镇的旅游发展中起到了重要的推动作用，丰富的旅游资源只有具有交通的可达性才能吸引更多的游客。此外，小镇内部的基础设施条件，例如整洁的街道、美观的环境、便捷的信息交流等也在很大程度上构成了对小镇的良好影响，进而影响旅游的发展。我国的小城镇在基础设施建设方面相对滞后，影响了旅游服务功能的健全。

而在英国，每个小城镇基本都被铁路或长途巴士站点覆盖，同时也都设有自己的游客服务中心，内有或简或繁的小镇地图和公交班次、或多或少的地方特色产品、多种多样的旅游资讯信息等，以及提供热心服务的工作人员。此外，英国旅游部门提供了宣传手册、网站、手机客户端等多种信息咨询方式，游客可以随时通过手机 App 获取相关信息，极大地方便了游客的旅游体验。

4.4 加强区域合作，打造小城镇旅游业集群

小城镇的旅游发展在很大程度上依托周边乡村地区的资源优势，在一定区域范围内往往会存在多个小城镇，彼此之间存在竞合关系。一方面，需要立足每个小城镇的自身特色，形成独特的吸引力；另一方面，小城镇之间应协同发展，共同创造并维护区域性的旅游品牌。而目前，我国同一区域内的小城镇之间更多地考虑了竞争而不是合作。

英国小城镇旅游结合不同地理分区特色已形成四个重要的集聚片区，分别依托不同的自然景观资源。以英格兰湖区为例，存在十余个不同定位的小城镇，有的作为门户小镇，有的作为品牌小镇，有的作为主题小镇，小镇之间有便捷的公共交通联系，为游客提供了多样化的线路选择和体验，共同构成湖区旅游小镇集群，进行"英格兰后花园"的整体营销。

国家自然科学基金面上项目：51578005

参考文献

[1] 赵辉等. 说清小城镇：全国121个小城镇详细调查[M]. 北京：中国建筑工业出版社，2017.
[2] 马黎明. 英国小城镇建设对我国小城镇城镇化的启示[J]. 青岛农业大学学报（社会科学版），2015，27（4）：16-20.
[3] Department for culture, media and sport: government tourism policy 2011[R/OL]：2011. 3；https：//www.visitbritain.org/overview.
[4] Visit England: visitor attraction trends in England 2016[R]. Full Report，2017.
[5] 赵佩佩，丁元. 浙江省特色小镇创建及其规划设计特点剖析[J]. 规划师，2016，32（12）：57-62.
[6] 张鸿雁. 论特色小镇建设的理论与实践创新[J]. 中国名城，2017（01）：4-10.

The City of Ibiza's Tourist Offer in the 21st Century

面向21世纪的城市旅游产品：西班牙伊比萨旅游岛案例

文 / Xing Peng   María Dolores Sánchez Fernández   José Ramón Cardona

【Abstract·摘要】

On the island, the city of Ibiza has great relevance due to its tourist offer. The objective of this study is to carry out a descriptive analysis of the three great types of tourist offer of the city of Ibiza (heritage tourism, event tourism and luxury tourism), which is trying to revitalize a mature destination specialized in sun and beach tourism. This study is based on the review of the local press and previous studies, and it is completed with the visit and observation of the existing offer. The heritage offer is based on the historical city and several actions have been carried out in order to improve the presentation of its heritage, but the old city remains an area with little population and few visitors. Events and entertainment is centered in La Marina and Promenade area where different visitor profiles can be found in each. Luxury tourism has an important media impact thanks to the many modernization projects of the hotel offer. This type of offer has its epicenter in the Promenade, although there are establishments in other parts of the island. The offer of events and the presence of the rich and famous has been the backbone of Ibiza's international impact as a tourist destination in the last decade. But it is faced with various problems: overcrowding, theft and excessively high prices.

位于海岛的伊维萨市（Ibiza）拥有十分吸引游客的独特旅游资源。本文阐述了该城市最主要的旅游资源类型，它力图振兴为成熟的"阳光和海滩旅游"目的地。本文是基于对当地出版物和以往研究的回顾，并且经过采访和观察之后完成的。遗迹资源以历史名城为基础，当地已经采取了一些措施来改善其历史遗迹现状；但是，旧城区仍然是人口稀少、游客罕至的区域。夜生活集中在拉玛莉娜（La Marina）和普罗梅娜德（Promenade）区，这里可以找到多元化的游客群体。酒店提供的众多时尚的娱乐项目，使豪华旅游业产生了重要的媒体影响。虽然在岛上其他区域也有此类产品，但普罗梅娜德区有着不容置疑的权威地位。在过去的十年里，夜生活资源以及富豪和名人们的青睐，一直是作为旅游胜地的伊维萨岛其国际影响力的中坚力量。与此同时，它也面临着各种各样的问题——过度拥挤，偷盗横行和虚抬价格。

【Keywords·关键词】

Offer; Ibiza; Heritage; Luxury; Event Tourism
旅游产品；伊比萨岛；遗产旅游；豪华旅游；节事旅游

【Biographical notes·作者简介】

Xing Peng   Ph.D., University Institute of Tourism Research(Spain)

María Dolores Sánchez Fernández   Ph.D., University of A Coruña(Spain)

José Ramón Cardona   Ph.D., Tourism School of Ibiza(Spain)

Notes: All photos are provided by authors.

Introduction

The island of Ibiza has an area of 572 km², 142,000 inhabitants[1] and receives 2,760,000 tourists annually[2]. Although the beginnings of tourism go back to the first third of the 20 century, it was in the 1950s and 1960s when mass tourism appeared[3]. In the 1960s and 1970s an image was created of Ibiza as being a sun and beach tourist destination which stood out because of a component of freedom due to the presence of the hippy movement on the island[4]. The presence of hippies boosted another of the components of the island's offer, its events and entertainment. At the beginning of the new century a different approach was taken towards its image and part of the offer towards luxury tourism thanks to the initiative of several entrepreneurs. The refocusing of the offer transformed a relatively cheap destination into one of the most expensive of the Mediterranean. This type of tourism has had a major impact on society press, both nationally and internationally, but the success achieved has caused problems due to overcrowding in the summer months. Current tourism development is difficult to manage and poses challenges in its sustainability.

Within the island, the city of Ibiza is the only really old urban nucleus and has great relevance in the tourist offer: it possesses most of the architectural heritage, much of the offer of luxury, various establishments of reference as far as event is concerned and, in its vicinity, several of the most famous beaches, which in turn include another part of the offer of nightlife and luxury. The objective of this study is to carry out a descriptive analysis of the three great types of tourist offer of the city of Ibiza: heritage tourism, event tourism and luxury tourism. The current situation of the three types of offer is dissimilar, but as a whole they are responsible for the international reputation of the city and the island.

This study is organized in various sections. In the first the historical evolution of tourism on the island of Ibiza is briefly described with the purpose of contextualizing the analysis of the city of Ibiza. After presenting the methodology used, a description of the three types of offer is given. Finally there are some conclusions about the success and future of tourism in the city.

Methodology

This research is a descriptive study based on the revision of the local press, the consultation of the bibliography of local subjects, and visits to the described areas. Searches have been carried out on the websites of the local press, especially Diario de Ibiza (local press dean), through the use of keywords. The bibliography on local subjects is not very extensive and the one that refers to tourism in Ibiza is quite scarce and, due to several previous works, it has consulted the totality of works published in the last decades. Finally, there have been several visits to check the existing establishments. The last of these visits was made in early August 2017 and the figures illustrating this research are from that visit. This has made it possible to create a profile of the various tourism offers and their areas of development, indicating the most relevant elements for the description and characterization of the three types of tourism offer exposed in this research. The tourism offer of the city of Ibiza is structured on the current three predominant attractions: cultural tourism based on the patrimonial elements declared to be of World Heritage, event tourism based in the port and promenade establishments, and the newly-emerging luxury tourism.

The city of Ibiza is located in the southeast of the island of Ibiza, within the municipality of the same name. The municipality of Ibiza has a small extension (11.18 km²) compared to the other four municipalities (it takes up 1.96% of the total area of the island)[5]. It borders with Santa Eulalia to the North, with San Jose in the South and with San Antonio to the West. In January 2016 there were 49,550 people residing in this municipality (34.88% of the island's population) [6]. Although the city does not occupy the entire municipality, it is the most densely populated of the island, and the touristic development of the beaches adjacent to the city has caused the existence of an urban continuum along the coast that reaches the tourist areas of the bordering municipalities: Talamanca and Cap Martinet in the case of Santa Eulalia, and Playa d'en Bossa in the case of San José.

The Historical Evolution of tourism

Many European coastal destinations have entered the maturity or post maturity phase in recent decades[7]. These tourist destinations acquired their characteristics in the 1960s and 1970s[8], and were oriented towards mass tourism with the offer of sun and beaches, a standardized product with strong seasonality [9]. The first destinations to develop, as is the case of the Isle of Man [10], are characterized by the fact that they have already gone through all, or almost all, the life cycle phases of a tourist destination [11], others such as Ibiza are at the beginning of the stagnation phase [12].

On the island of Ibiza, there are no mentions before 1909 of the presence of visitors who can be considered tourists and there are no written documents showing the existence of debate about the sector[13]. The first documented indication of interest in developing this sector can be found in the publication of the guide *Ibiza, tourist Guide* by Arturo Pérez-Cabrero, published in Barcelona in 1909. At that time, tourist promotion focused on cultural and heritage attractions [14].

The origins of tourism in Ibiza are found in the decade of 1930. It was in those years that the first hotel establishments and tourism emerged as an economic activity. The arrival of tourists and the inauguration of hotels in the urban centers of Ibiza, Sant Antoni and Santa Eularia launched this sector[15], but on July 18, 1936, the Civil War broke out, paralyzing the tourist activity for years.

The Spanish Civil War and World War II caused the disappearance of tourism [16,17]. The lifting of the United Nations (UN) embargo on Spain in 1950 led to an increase in the number of tourists. In 1955 special maritime transport services were established with the exterior in the summer months, making it possible to increase the arrival of tourists [18]. Ibiza Airport opened to commercial traffic on June 1, 1958 [19], but with very basic conditions. From 1964 it was able to start operating normally, although international flights could not land until customs was set up in 1966 and the airport acquired international category [20]. With the opening to international traffic, mass tourism taken on by tour operators began to arrive [21].

It was at this time when the beatniks came. They were a countercultural group linked to the avant-garde of those years [22,23]. Although the numerical importance and the activities of the beatniks did not make them very visible, their presence on the island from 1955 and well into the 1960s was important in making the island known to the hippies[24]. In the 1950s, in order to compete with Majorca, the Ibiza tourist industry oriented most of its efforts towards offering a differentiated product. So as to do this they turned to exploiting the charm of Ibiza amongst artists, beatniks and other outsiders [25].

In the 1960s and 1970s the increase in hotel establishments and the arrival of tourists accelerated. In the press of the time the subject of Ibiza was shown as an island characterized by its blue seas and sky, by its luminosity and sunny climate, by a bucolic landscape linked to the mythological world and by the tolerant hospitality of its autochthonous population[26]. Since then, the reports in the press, audiovisual media, advertising and even travel agencies and tour operators have contributed to the perpetuation of the image of it being a bohemian and festive island [27].

In the 1970s the growth of supply and demand was slower than in the previous decade. The hippie phenomenon came to an end, the first offer of nightclubs appeared, there was a change in the political regime in Spain, the first economic crisis after the postwar stalled the economy, and the first demands to limit the growth of the sector appeared [28].

In the 1980s, industry was consolidated, promotional efficiency increased and tourism was completely settled. Although there were already precursory nightclub establishments in the city of Ibiza in the late 1950s, nightclubs appeared in the 1970s and in the 1980s there was an increase in their number and size[29]. A fundamental element of the image of Ibiza was incorporated with the nightclub boom.

The 1990s was characterized by the crisis at the beginning of the decade and the process of modernization and collective reflection. It was precisely with the crisis when a large number of rules and regulations began to emerge on reconverting the establishments in order to adapt them to new demands and the environmental awareness that emerged in the 1980s began to be reflected in specific measures [30]. After the end of the crisis the growth of the number of hotel places was very moderate. New constructions were scarce, but renovations and improvement works affected the majority of hotels, implying, in many cases, an increase in the category of the establishment [31].

The maximum influx of tourists that occurred with the turn of the century seemed to mark a chance in the sector's tendency. Previously there was constant growth which was only interrupted by temporary downturns due to international crises or problems in major issuing markets. After the year 2000 the tendency was characterized by great stability in the total number of overnight stays[32]. With the new century there were abundant projects to improve tourist infrastructure, mainly hotel establishments, and attract tourists with greater purchasing power. This qualitative improvement in the tourism offer combined with the maintenance of the volume of hotel infrastructure seems to indicate that ideas of quantitative stagnation and the necessary change of positioning in the tourist market have left a mark in the sector[33]. Since 2014 there has been an increase in the arrival of tourists, possibly due to the problems existing in various competing destinations, which are causing serious problems of overcrowding during the summer months.

The tourist promotion of the

Figure 1 Renaissance Walls (Portal Nou)

island continues to focus mainly on events and entertainment and on the climate, in other words, sun and beach. But, in recent years, Ibiza has had a great amount of news regarding the presence of celebrities and is adding glamour to its previous image. Consequently the sector is redirecting the image of the island towards a combination of freedom and an alternative life with glamour, sophistication and luxury [34].

Heritage Tourism

The city of Ibiza possesses 26 centuries of history and until a hundred years ago did not suffer urban changes of great importance, allowing the walls (Figure 1) and traditional architecture of the historical city (Figure 2) to be preserved. The original urban nucleus was constituted in the Puig de Vila, and its foundation, according to classical historiography, goes back to 654 B.C. at the hands of the Phoenicians[35]. After eras of Roman, Vandal, Byzantine and Muslim dominion, in 1235 it became part of the Crown of Aragon. Finally, by grace of Charles III, Ibiza received the title of city in 1782 and shortly thereafter the bishopric of Ibiza was created [36].

The neighborhoods of the historical city are separated by walls. Within the walls (Dalt Vila) there are two different urban areas: the urban area of medieval origin (8th–15th centuries) and the Renaissance urban area or Vila Nova (16th century). In the medieval part, remains of the medieval wall continue to be preserved[37]: towers, canvases and a door. Outside the walls there are the neighborhoods of Sa Peña (17th century), La Marina (14th to 19th century) and Vara de Rey (20th century). Sa Peña was a fishermen's quarter[38] which nowadays is quite deteriorated, with marginality problems and many houses in ruins. Next to the port is the neighborhood of La Marina and is the lowest quarter of the historical setting, practically at sea

Figure 2 Historical City

level[39]. In La Marina buildings such as the Mercat Vell or the monument to the Ibiza Corsairs (Figure 3), a pioneer monument in its class, stand out. The district of Vara de Rey is the first modern expansion district planned after the demolition of the second stockade, at the end of the 19th century, and has emblematic buildings such as the Gran Hotel Montesol Ibiza, the Pereira Theatre and the Sociedad Ebusus[40]. The Gran Hotel Montesol Ibiza was opened in 1933 as a grand hotel, being the largest and most luxurious of the island, closing in 1936. In 1946 it was reopened as Hotel Ibiza but since the 1950s it has been known as Hotel Montesol[41]. In December 2014 it closed down when the old rental contract expired and reopened in July 2016 as a five star hotel belonging to the Curium Collection by Hilton (Figure 4). The old Pereira Theatre is also currently in renovation (Figure 5). The Dalt Vila Ensemble, La Marina and the Renaissance walls make up the typical image of the city.

The most visually spectacular element of the historical city is the walled enclosure from the 16th century. The Renaissance walls were part of a plan of modernization in the Mediterranean coastal defense walls impelled by the Emperor Charles and continued by his son, Felipe II. Giovanni Battista Calvi da Caravaggio designed the first outline of the Renaissance wall in 1554. In 1575, Giovanni Giacomo Paleazzo (El Fratin) remodeled and broadened the project following the initial layout of the medieval walls.

500 meters away from the historical city and currently integrated in the modern city, one can find the archaeological site "Punic Necropolis of Puig des Molins". The Puig des Molins was the cemetery in the city throughout the old age and has a high number of tombs from different eras (Figure 6).

It became part of the World Heritage list of UNESCO in 1999 and was named "Ibiza, biodiversity and culture". It is made up of the

Figure 3 Monument to the Ibiza Corsairs

Figure 4 Gran Hotel Montesol Ibiza

Figure 5 Pereira Theatre

of the registered property and to favor alternative tourism to that of sun and beach tourism in particular patrimonial tourism. This type of tourism is seen as prestigious with the capacity to influence the decision of the traveller [43,44].

The patrimonial offer is based on the historical city which is composed of elements of World Heritage (Renaissance walls, Dalt Vila and Necropolis of Puig des Molins) and non-registered elements (Sa Penya, La Marina and Vara de Rey). Since the registration of "Ibiza, biodiversity and culture" various improvements have been made to the city's heritage, mainly through converting the walls and various parts of Dalt Vila[45] into museums. The historical city remains an old area with very little population which does not attract new residents. Cultural tourism is very scarce as indicated by the number of visits to the museums and interpretation centers in the city[46]. This is due to the fact that the design of the cultural product is not sufficiently attractive to generate arrivals of tourists[47]. Currently the visits to the historical city are a complementary activity to that of sun and beach tourism. The greater tourist development is in the lower part of Dalt Vila (the village) and in La Marina,

protected property of the walled city of Ibiza (Dalt Vila), the Phoenician-Punic necropolis of Puig des Molins, the Phoenician settlement of Sa Caleta and the prairies of the oceanic Posidonian bed located within the nature reserve of Ses Salines, between Ibiza and Formentera[42]. The objective was to promote the international relevance being tourism focused on events, restaurants, shops and bars and not on the heritage and culture of the island [48].

Event Tourism

Traditionally Ibiza has been known as a leading destination in events and entertainment. Some of the most important nightclubs in the world are located on the island. For many years the academic literature on this offer has been based on the study of various negative behaviors which are associated to nightclubs: drug use, alcohol and tobacco[49-59], violent behavior[60], high risk sexual relationships[52,56,61-65] and general high risk behavior[66-68]. However, in recent years, there are investigations on this offer from a historical point of view[69] which also includes the management of this offer[70-73].

The opening of Domino (1959) leads to the commercial and leisure offer in the port of Ibiza. This offer was already consolidated in the late 1960s and there have been few significant changes since the 1980s. The leisure activity in what would later be the seafront of Ibiza began with the opening of the nightclub "Pacha" in a house of El Prat in 1973 on the other side of the bay. The events and entertainment offer today is divided between the historical city (La Marina, Sa Peña and the village

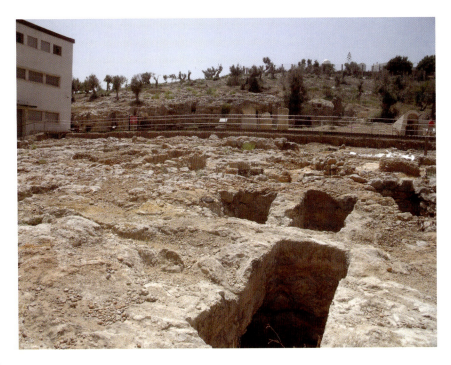

Figure 6 Punic Necropolis of Puig des Molins

of Dalt Vila) and the promenade. In the historical city there is an offer consisting of bars, shops and some small nightclubs. These establishments have been around for many years. Within this area there is an offer focused on gay tourism. The promenade is more recent and has few nightlife establishments. They are larger buildings and are focused on customers with high purchasing power. The three main offers are:

La Marina and port area (Figure 7). It consists of bars (Angelo's, Can Pou, Clive's, Delfin, Geminis, K-Ube, La Biela, Mambo, Match Bar, Savoy, Tango, Zoo, etc.), restaurants and clothing and accessories stores, especially those selling designer clothes Adlib (Figure 8). Their opening hours are from sunset to midnight. It is common to see Parades that capture last minute customers for the nightclubs of the island.

The Gay-friendly area. The offer which is focused on the gay public is centered in Calle de la Virgen, the border between the neighborhood of Sa Peña and La Marina. There are some small nightclubs which have been around for many years (Angelo, Dôme, S'Ámfora, Soap, etc.). Although much of the island's events offer is gay friendly, the offer which is specifically focused on this market is located in the port area.

The Promenade area. Located in front of La Marina and built in the 1980s. The promenade has managed to partially eclipse La Marina. There

Figure 7 La Marina

Figure 8 Clothes (Adlib fashion)

are establishments such as Pacha nightclub which is the oldest within the biggest clubs on the island. The Ibiza Gran Hotel (Figure 9), the only luxurious five star hotel on the island, is also situated in this area along with the restaurant Cabaret Lio (formerly El Divino nightclub) which belongs to the Pacha group. There are also cocktail bars (Griall, Hot, VIP'P, Keeper, Cafe Sidney, etc.), small nightclubs and restaurants with shows (Lio and Heart).

The nightclubs Amnesia and Privilege are situated a couple of kilometers away from the city in the direction of San Antonio. Sankeys, Hi, Ushuaïa and the Hard Rock Hotel are located in Playa d'en Bossa which is on the municipal boundary with San Josc.

Luxury Tourism

Both residential neighborhoods with no tourist interest and areas of great tourist attraction were built in the 20th century. These tourist areas such as the Promenade, Talamanca and Figueretes along with the old town are the places where the main tourist activity of the city is concentrated. While Talamanca and Figueretes arose thanks to the attractiveness of the two beaches closer to the city which are now quite deteriorated, the Promenade, which has two marinas on its waterfront is of very recent growth and has been

Figure 9 Ibiza Gran Hotel

oriented from its beginnings towards the luxurious residential buildings and navigation. The main streets in the area are Paseo Joan Carles I, which runs along the marina and Avenida 8 d'Agost which is the main artery in the area.

Luxury tourism has had an important media impact in recent years thanks to the modernization projects of the hotel offer. Although this type of offer is present in La Marina and the village of Dalt Vila, its epicenter which hoards the headlines during the summer months is on the Promenade, across the bay and in front of the historical city. The Promenade has an offer that has converted it into "The Golden Mile" on the island. The two marinas in the area are on the main coastline: Marina Ibiza and Marina Botafoch. These two marinas are complemented by the Ibiza sailing club and Ibiza Magna:

The sailing club in Ibiza was built in 1925 and has 300 moorings (270 are for members) of 20 meters in length and is pending a modernization project [74].

The marina Ibiza Magna was created when it was no longer used as a commercial center. The interior wharf also known as the west of the port along with the western pier became the marina Ibiza Magna (Figure 10). There are 85 moorings of up to 60 meters in length[75]. As the commercial area was moved to the Botafoch wharf area, the consignment dock also called the Eastern dock; the Eastern pier and the pier connected to the wharf are used for docking small tourist cruises and yachts which are more than 60 meters long (16 moorings). Ibiza Magna has maintained nautical luxury in the old city.

The Marina Botafoch, which was inaugurated in 1987, has 428 moorings for boats between 6 and 30 meters long. It has an important commercial and service area[76] although this marina has been eclipsed by Marina Ibiza in some respects.

Marina Ibiza has 379 moorings for boats up to 60 meters long. It is divided into two docks (the North for boats from 8 to 40 meters long and the south for boats over 40 meters long). There is also a dry marine for a maximum of 90 boats between 5 to 8 meters long[77]. Formerly known as Ibiza Nueva, it has become the leader of the nautical offer in the city after the last improvements. There is less commercial offer than in Marina Botafoch but of greater luxury (Figure 12).

In the Promenade area there are establishments such as Pacha nightclub, the Ibiza Gran Hotel and the Cabaret Lio restaurant. In this area there are bars and restaurants focused on luxury tourism, highlighting the Cipriani and Heart restaurants located in the Ibiza Gran Hotel (Figure 13).

There are also residential buildings that attract attention such as Las Boas of Ibiza (Figure 14) which are owned by Life Marina Ibiza and designed by Jean Nouvel[78]. It should be noted that while cultural tourism continues having some presence on the island and is eclipsed by other offers, luxury tourism attracts more and more visitors: celebrities who want to visit the "in places" and ordinary people who want to imitate famous people. The result is that various areas on the island and among them the Promenade has become very expensive.

Figure 10 Ibiza Magna and La Marina

Figure 11 Big yacht in front of the old town

Conclusions

Today, the city of Ibiza offers a combination of heritage, events and luxury tourism products which has launched the international reputation of the city and the island. While events and luxury tourism

Figure 12 Commercial offer in Marina Ibiza

Figure 13 Heart restaurant

originality to shopping tourism in the city.

The objective for the future should be to develop the various types of tourism in an interrelated way, ensuring that patrimonial tourism enriches the offer of luxury tourism while being driven by luxury tourism. It is therefore necessary to increase the contact between the supply and demand of the two sides of the port, taking luxury to the old city and bringing traditional culture closer to the Promenade.

The hotel Mirador de Dalt Vila (Figure 15) was a first step in this direction offering five-star accommodation within the walled city and the future hotel Parador Nacional of the castle could be one step further. In 2016, there was important progress in the works of adaptation for the Ibiza Magna piers to allow the mooring of boats which are more than sixty meters long. Ibiza Magna which is located next to the neighborhood of La Marina and the historical city, taking the big yachts to the old city. But there is still much to do to revitalize the elevated area of Dalt Vila and solve the social problems that have been part of the neighborhood of Sa Peña for decades. The greatest risks to tourism and the luxury offer in particular, are:

Overcrowding in the summer months. For decades there has been mass tourism in the months from

have a high economic and media impact, the cultural and architectural heritage has been relegated to a marginal and complementary offer of sun and beach tourism. The most popular beaches (Playa d'en Bossa in Ibiza and Illetas in Formentera) and the most renowned nightlife establishments on the island (Privilege, Amnesia, Sankeys, Hï, Ushuaïa and Hard Rock Hotel) are those which are at a short distance by road and by sea. The existence of the clothes shops "Adlib" in the port[79] also play an important role as they provide exclusivity and

Figure 14 Las Boas residential building

Figure 15 Mirador de Dalt Vila

June to September. Seasonality during the summer months is difficult to avoid and can only be reduced by new tourist offers, attractive and located in the low season, and attractive prices to shift demand towards the beginning and end of the season. Up to now, in Ibiza there have been no significant results in relation to this problem. However, since 2014 the situation has reached extraordinarily high levels. This overcrowding has been accompanied by a large increase in the prices of housing and other products not intended for tourists. The result is that there is a situation close to the collapse of roads, public services and tourist establishments. All these problems are accompanied by the inability to cover job posts adequately in the public sector (health, police, etc.) and in the private sector (waiters, cooks, receptionists, etc.). It should be noted that the situation started in 2014 is due to the current situation of various competing destinations and, when these destinations improve, pressure on the city and the island of Ibiza will be reduced.

Thefts both in tourist holiday homes and residential areas. There are a high number of thefts and there are no areas free at risk. This generates a bad experience among the people who are affected and restlessness among the rest of the visitors. Tourists, mainly luxury tourism in the Promenade area, are also affected by theft. A very guaranteeing legislation has given rise to a perception of impunity that has encouraged the commission of crimes. In addition, police reinforcements are insufficient in summer. More police reinforcements and faster police and judicial procedures are needed, especially when organized crime can leave the destination and the country within hours after the crime.

Excessively high prices. Excessively high prices discourage many potential tourists and reduce the destination's competitiveness, requiring coordination between the public and private sectors to avoid excessive price rises. This would reduce short-term revenues but would allow the loyalty of regular tourists, as price rises suppression would be seen as deference to them. One of the elements that characterize luxury products and services is its high price which in turn is one of the elements of distinction. However, it is necessary to avoid exorbitantly high prices for the quality offered. It could deter customers who have high purchasing powers from returning to the island as they will perceive prices as an indication of possible defraud or mala praxis if the prices do not match the quality offered. In the case of Ibiza, in the summer of 2017 there have been problems filling the hotels due to the excessively high prices offered, and this has been due to a total lack of planning and forecasting by the tourism sector.

It would also be necessary to promote cruise liner tourism, as it is a type of tourism that combines several offers. At present, the port of Ibiza operates the smaller cruises in the pier of the old dock (Figure 16) and the big cruises in the docks of Botafoch. Ibiza remains a secondary stopover for the tourist cruise liner routes in Western Mediterranean and is not sufficiently developed to offer tourist activities for this type of tourism. This results in visitors remaining on the cruise liner or in the port area.

Figure 16 Cruise in the old dock, in front of the historic city

References

[1] Institut d'Estadística de les Illes Balears (IBESTAT). Estadísticas [DB/OL]. Palma de Mallorca : Ibestat, 2017 [2017-06-10]. http://ibestat.caib.es/.

[2] Agència de Turisme de les Illes Balears (CAIB). El turismo a les Illes Balears : Anuari 2015 [R]. Palma de Mallorca : Agència de Turisme de les Illes Balears, 2016.

[3] Ramón J., Serra A. Historia del turismo en Ibiza : Aplicación del Ciclo de Vida del destino Turístico en un destino maduro del Mediterráneo [J]. PASOS : Revista de Turismo y Patrimonio Cultural, 2014, 12 (4) : 899-913.

[4] Ramón J., Serra A. Elementos de la contracultura de los años sesenta en la oferta turística de un destino maduro [J]. Revista Iberoamericana de Turismo (RITUR), 2014, 4 (1) : 110-124.

[5] Soule [1].

[6] Soule [1].

[7] Agarwal S. Restructuring seaside tourism. The Resort Lifecycle [J]. Annals of Tourism Research, 2002, 29 (1) : 25-55.

[8] Gale T. Modernism, post-modernism and the declive of british seaside resorts as long holiday destinations : A case study of Rhyl, North Wales [J]. Tourism Geographies, 2005, 7 (1) : 86-112.

[9] Sedmak G., Mihalic T. Authenticity in mature seaside resorts [J]. Annals of Tourism Research, 2008, 35 (4) : 1007-1031.

[10] Cooper C. P., Jackson S. Destination life cycle : The isle of Man case study [J]. Annals of Tourism Research, 1989, 16 (3) : 377-398.

[11] Butler R. W. The concept of a tourist area cycle of evolution : Implications for the management of resources [J]. The Canadian Geographer, 1980, 24 (1) : 5-12.

[12] Soule [3].

[13] Soule [3].

[14] Ramón E. Historia del turismo en Ibiza y Formentera. 1900-2000 [M]. Eivissa : Genial Ediciones Culturals, 2001.

[15] Soule [14].

[16] Cirer J. C. De la fonda a l'hotel. La Gènesi d'una Economia Turística [M]. Palma de Mallorca : Edicions Documenta Balear S. L., 2004.

[17] Planells A. Ibiza y Formentera, ayer y hoy [M]. Barcelona : Editor Antonio Planells Ferrer, 1984.

[18] Soule [14].

[19] Soriano F. Pequeña historia del turismo en las Baleares [M]. Palma de Mallorca : Bitzoc, 1996.

[20] Soule [16].

[21] Soule [14].

[22] Cerdà J., Rodríguez R. La repressió franquista del moviment hippy a Formentera (1968-1970) [M]. Eivissa : Res Pública Edicions, 1999.

[23] Planells M. El nacimiento de Babel -Ibiza años 60- [M]. Eivissa : Editores José Ferrer y Vicent Guillamó, 2002.

[24] Soule [14].

[25] Soule [14].

[26] Rozenberg D. Ibiza, una isla para otra vida : inmigrantes utópicos, turismo y cambio cultural [M]. Madrid : Centro de Investigaciones Sociológicas, 1990.

[27] Soule [14].

[28] Soule [14].

[29] Soule [14].

[30] Soule [14].

[31] Cirer R J. C. (2001). Evolució de l'oferta de places turístiques a Eivissa i Formentera (1950-2000) [M] // Cirer J. C. (Dir.). Estudis sobre turisme a Eivissa i Formentera 2. Eivissa : Editorial Mediterrània-Eivissa, 2001 : 73-93.

[32] Soule [2].

[33] Federación Hotelera de Ibiza y Formentera (FEHIF). Ibiza : Plan Estratégico de Marketing 2005-2010 [R]. Eivissa : Federación Hotelera de Ibiza y Formentera, 2005.

[34] Ramón J., Serra A. Simbiosis entre realidad e imagen en un destino turístico [J]. Revista Académica Holográmatica, 2013, 18 (2) : 3-22.

[35] TUR A. Murades [G/OL] // Cirer F. (Dir.). Enciclopèdia d'Eivissa i Formentera. Volum VIII. Eivissa : Consell Insular d'Eivissa i Formentera, 2004.

[36] Vallès R. Dalt Vila [G/OL] // Cirer F. (Dir.). Enciclopèdia d'Eivissa i Formentera. Volum IV. Eivissa : Consell Insular d'Eivissa i Formentera, 2000.

[37] Soule [36].

[38] Vallès R. Penya, Sa [G/OL] // Cirer F. (Dir.). Enciclopèdia d'Eivissa i Formentera. Volum IX. Eivissa : Consell Insular d'Eivissa i Formentera, 2006.

[39] Cuesta M. Marina, La [G/OL] // Cirer F. (Dir.). Enciclopèdia d'Eivissa i Formentera : Volum VIII. Eivissa : Consell Insular d'Eivissa i Formentera, 2004.

[40] Morales J. (Dir.). Demande d'Inscription sur la Liste du Patrimoine de l'Humanite des Biens Culturels et Naturels de l'Ile d'Ibiza : Biodiversite el Culture. Tome II : Biens Culturels (Seconde Parte) [M]. Iles Baleares : Mairie d'Ibiza, Conseil Insuler d'Ibiza et Formentera, Gouvernement Balear, Mairie de San Jose et Mairie de Formentera, 1998.

[41] Soule [14].

[42] Ramón J., Azpelicueta M. C., Serra A. "Ibiza, Biodiversidad y Cultura" : Evolución y potencial turístico de un emplazamiento Patrimonio Mundial [J]. International Journal of Scientific Management and Tourism, 2015, 1 (1) : 109-133.

[43] Marrero J. R., Abdul-jalbar B. Turismo culturaly planificación del viaje : un estudio de caso [J]. Tourism & Management Studies, 2012 (8) : 41-47.

[44] Martos M. Las ciudades patrimoniales en el mercado turístico cultural. Úbeda y Baeza [J]. Gran Tour : Revista de Investigaciones Turísticas, 2012, (6) : 63-82.

[45] Gurrea R., Herrera, M. 10 anys Eivissa Patrimoni de la Humanitat 1999-2009 [M]. Eivissa : Ajuntament d'Eivissa, 2009.

[46] Soule [45].

[47] Soule [42].

[48] Ramón J., Peng X. & Sánchez

M. D. Atractivos culturales para una diversificación del turismo en Ibiza [J]. Tourism and Hospitality International Journal, 2017, 8 (2) : 93-113.

[49] Bellis M. A., Hughes K., Bennett A., Thomson R. The role of an international nightlife resort in the proliferation of recreational drugs [J]. Addiction, 2003, 98 (12) : 1713-1721.

[50] Bellis M. A., Hughes K., Calafat A., Juan M., Schnitzer S. Relative contributions of holiday location and nationality to changes in recreational drug taking behaviour : A natural experiment in the Balearic Islands [J]. European Addiction Research, 2009, 15 (2) : 78-86.

[51] Briggs D., Turner T., David K., DE Courcey T. British youth abroad : some observations on the social context of binge drinking in Ibiza [J]. Drugs and Alcohol Today, 2011, 11 (1) : 26-35.

[52] Elliott L. et al. Alcohol, drug use and sexual behaviour of young adults on a mediterranean dance holiday [J]. Addiction Research and Theory, 1998, 6 (4) : 319-340.

[53] Friguls B. et al. Assessment of exposure to drugs of abuse during pregnancy by hair analysis in a Mediterranean island [J]. Addiction, 2012, 107 (8) : 1471-1479.

[54] García J. et al. Matrices biológicas alternativas para detectar la exposición prenatal a drogas de abuso en el tercer trimestre de la gestación [J]. Anales de Pediatría, 2012, 77 (5) : 323-328.

[55] Hughes K., et al. Alcohol, drogas, sexo y violencia : riesgos y consecuencias para la salud entre los jóvenes turistas británicos en las Islas Baleares [J]. Adicciones, 2009, 21 (4) : 265-277.

[56] Kelly D., Hughes K., Bellis M. A. Work hard, party harder : drug use and sexual behaviour in young British casual workers in Ibiza, Spain [J]. International Journal of Environmental Research and Public Health, 2014, 11 (10) : 10051-10061.

[57] Lora C. et al. The designer drug situation in Ibiza [J]. Forensic Science International, 2004, 140 (2-3) : 195-206.

[58] Martinotti G. et al. Substance-related psychopathology and aggressiveness in a nightlife holiday resort : results from a pilot study in a psychiatric inpatient unit in Ibiza [J]. Human Psychopharmacology : Clinical & Experimental, 2017, 32 (3) : e2586.

[59] Santacroce R. et al. A matter of life and death : substance-caused and substance-related fatalities in Ibiza in 2015 [J]. Human Psychopharmacology : Clinical & Experimental, 2017, 32 (3) : e2592.

[60] Hughes K., et al. Predictors of violence in young tourists : a comparative study of British, German and Spanish holidaymakers [J]. European Journal of Public Health, 2008, 18 (6) : 569-574.

[61] Bellis M. A., Hughes K. Sexual behaviour of young people in international tourist resorts [J]. Sexually Transmitted Infections, 2004, 80 (1) : 43-47.

[62] Bellis M. A., Hughes K., Thomson R., BENNETT, A. Sexual behaviour of young people in international tourist resorts [J]. Sexually Transmitted Infections, 2004, 80 (1) : 43-47.

[63] Briggs D., Tutenges S., Armitage R., PANCHEV D. Sexy substances and the substance of sex : findings from an ethnographic study in Ibiza, Spain [J]. Drugs and Alcohol Today, 2011, 11 (4) : 173-187.

[64] Downing J. et al. Factors associated with risky sexual behaviour: a comparison of British, Spanish and German holidaymakers to the Balearics [J]. European Journal of Public Health, 2011, 21 (3) : 275-281.

[65] Hughes K., Bellis M. A. Sexual behaviour among casual workers in an international nightlife resort : a case control study [J]. BMC Public Health, 2006, (6) : art. nº 39.

[66] Briggs D. Deviance and risk on holiday : an ethnography of British tourists in Ibiza [M]. London : Palgrave Macmillan, 2013.

[67] Briggs D., Turner T. Risk, transgression and substance use : an ethnography of young British tourists in Ibiza [J]. Studies of Transition States and Societies, 2011, 3 (2) : 14-25.

[68] O'leary J., Huan T.-C., Briggs D., Turner T. Understanding British youth behaviors on holiday in Ibiza [J]. International Journal of Culture, Tourism and Hospitality Research, 2012, 6 (1) : 81-90.

[69] Ramón J., Azpelicueta M. C. & Serra A. Ibiza Nightlife : descripción de un referente mundial en su sector [J]. Redmarka, 2015, 15 (1) : 101-139.

[70] Ramón J., Martín F. C. Impacto de las redes sociales en el ocio nocturno [J]. Tourism and Hospitality International Journal, 2014, 3 (1) : 90-117.

[71] Ramón J., Sánchez M. D. Del hotel de playa al Hotel Club : los hoteles con eventos musicales de Ibiza (España) [J]. Rosa dos Ventos-Turismo e Hospitalidade, 2016, 8 (4) : 494-509.

[72] Ramón J., Azpelicueta M. C., Sánchez M. D. Una clasificación de los establecimientos de ocio nocturno : el caso de Ibiza (España) [J]. Holos, 2016, 32 (7) : 418-437.

[73] Serra A., Ramón. Host community resignation to nightclub tourism [J]. Current Issues in Tourism, 2017, 20 (6) : 566-579.

[74] Club Náutico Ibiza [OL]. [2017-06-13]. http : //www. clubnauticoibiza. com/.

[75] Ibiza Magna [OL]. [2017-06-13]. http : //www. ibizamagna. com/.

[76] Marina Botafoch [OL]. [2017-06-13]. http : //www. marinabotafoch. com/.

[77] Marina Ibiza [OL]. [2017-06-13]. http : //marinaibiza. com/.

[78] Life Marina Ibiza [OL]. [2017-06-14]. http : //www. lifemarinaibiza. com/.

[79] Ramón J. Moda Adlib : de los hippies a los turistas [J]. International Journal of Scientific Management and Tourism, 2016, 2 (4) : 177-206.

三亚艾迪逊酒店

城市旅游空间组织
Spatial Structure and Organization

梁增贤		多极型向网络型转变的城市群区域交通组织：中国大湾区城市旅游发展格局案例
刘丹萍	王文龙	城市旅游经济空间联系特征及其演化——以广东省为例
毛润泽	李佳仪	城市码头区旅游休闲开发模式——以上海黄浦江两岸为例
刘清愔	汪　芳	德国柏林城市绿地系统：空间规划、公园特色与旅游发展策略

多极型向网络型转变的城市群区域交通组织：
中国大湾区城市旅游发展格局案例

Transportation Reconstructing in a Metropolitan Region from Multiple-Node to Networking Pattern: City Tourism Development in the Greater Gulf District of South China

文 / 梁增贤

【摘 要】

重大交通基础设施的建设将重构大湾区城市旅游发展的格局，珠海城市旅游组织和集散功能提升，大湾区从以往的广州、深圳、香港的多极格局逐渐向网络型格局转变，核心城市的旅游地位和功能依然强大，逐渐承担更多的国际和国内中远程组织集散功能。大湾区内任意一个城市均可能发展成面向主要以国内市场为主的旅游集散和组织功能，也有机会成为旅游目的地城市。各城市旅游发展的机会趋于均等，城市间竞争更加激烈，引发大湾区各城市在旅游功能定位、旅游出游方式选择、产品线路开发、组织集散建设等方面做出一系列调整。重大交通基础设施建设仅仅是实现了"硬连接"，未来破解一系列涉及"一湾两制"的政策和管理瓶颈，增进城市间的旅游合作而非竞争，才是真正有效发挥重大交通设施效益的关键。

【关键词】

港珠澳大桥；粤港澳大湾区；城市旅游；网络型格局；重大交通基础设施

【作者简介】

梁增贤 中山大学旅游学院副教授

1 引言

重大交通基础设施是旅游发展的重要条件，也可能是重要的旅游吸引物。每一次重大交通基础设施的建设都会重构区域内城市旅游发展格局[1-4]，而一些具有区域乃至国际意义的重大交通工程，也往往成为地标性旅游吸引物[5]。例如，土耳其伊斯坦布尔的博斯普鲁斯海峡大桥横跨欧亚，丹麦的厄勒海峡大桥连接丹麦和瑞典两国，美国的金门大桥已经成为旧金山的地标（图1）。在中国，长江跨江通道[6]、杭州湾跨海大桥[7]、渤海海峡跨海通道[8]都已经成为重要的地理标志，对各自区域城市旅游的发展产生重大影响。粤港澳大湾区建设是2017年3月十二届全国人大五次会议上提出的战略布局，涉及广州、佛山、肇庆、深圳、东莞、惠州、珠海、中山、江门9市和香港、澳门两个特别行政区。大湾区常住人口超过6634万，跨县（市、区）流动人口规模超过3000万，是全球人口规模最大的湾区，也是中国城市旅游发展规模最大、质量最高的区域之一。未来几年，该区域内将陆续建成一批重大交通基础设施，这对区域内城市旅游发展格局将产生重大的影响。陆路方面，2017年底，港珠澳大桥具备通车条件，2024年之前深中通道投入运营，此外还有虎门二桥，使大湾区东西两岸快速相连。航空方面，目前大湾区内已有的广州白云机场、香港国际机场、深圳宝安机场、澳门国际机场和珠海金湾机场都计划扩建，而根据《广东省推进基础设施供给侧结构性改革实施方案》，未来还将建设珠三角新干线机场和惠州平潭机场，由此形成围绕大湾区的7个机场。水路方面，大湾区各城市间业已形成定期客运航线。广州南沙邮轮码头、香港启德邮轮码头和深圳太子湾邮轮母港均已启用，呈三足鼎立之势。

那么，粤港澳大湾区一系列重大交通基础设施的投入使用将对区域内城市旅游发展的格局产生怎样

图1 美国金门大桥

图片来源：摄图网

图2 西藏昌都自驾游　　　　王会龙/摄

的影响？在未来新的大湾区旅游格局下，各个城市应如何定位？如何调整产品供给，如何适应新的市场？此外，作为世纪工程的港珠澳大桥，能否成为大湾区的新地标和旅游吸引物？如何开发？这些都是本文讨论的主题，希望能够对大湾区各城市旅游发展、促进区域旅游协同提供参考。

2 中国城市旅游新常态

改革开放30多年来，中国的城市旅游市场逐渐趋于成熟，从以往"上车睡觉、下车拍照"的"苦行者"向注重过程、强调体验的"消费者"转变。从以往无预算的消费向"量入而出"的有预算消费转变[9]。城市旅游消费规模的增长还在持续，但增速有所放缓[10]，而消费的结构和层次，以及消费的多元化正在发生深刻变革，主要体现在以下四个方面。

2.1 城市家庭游成为主力

在大多数城市随着家庭收入增长，城市居民的出游力逐渐增强。过去十年，家庭逐渐成为城市旅游市场的主力[11]。根据2014年在全国范围开展的一项《国民休闲生活的城市分化和城乡差异》研究，其报告表明，家庭已经成为中国最基本的休闲单位，无论是本地休闲还是外出旅游，家庭休闲旅游占比均超过60%，且出游频次逐渐攀升。以大湾区内的香港为例，2015年，访问内地的香港居民高达7383.5万人次，相当于每个香港人一年访问内地10次以上。家庭出游为主的市场结构决定了以往面向旅游团、个体旅游的旅行社产品必须做出调整；度假酒店也针对家庭需求开发了家庭套房、家庭套餐；许多城市景区不得不转卖家庭套票甚至家庭年卡。

2.2 城市自驾游已成规模

2015年，国内40亿旅游人次中，自驾车游客已达到23.4亿人次[12]，占比超过一半，已经形成规模（图2）。城市SUV汽车消费热也从侧面印证了旅游市场结构以家庭自驾游为主。随着中国自驾车市场的发展，公路交通的重要性凸显，重大交通基础设施建设必然影响区域旅游发展。大湾区城市自驾游呈现三个特点。第一，由于大城市的限购政策，人均汽车拥有率最高的并非广州、深圳、香港等大城市，而是大湾区内的二三线城市。2016年，深圳、广州、东莞、佛山分别为318万辆、230万辆、224万辆、202万辆，而香港仅有74.5万辆。这意味着自驾游市场不应该仅仅盯着大城市向周边城乡的流动，也应该重视二三线城市自驾游的流动。第二，自驾游市场的出游半径大，但对某个景区而言的重游率不高，这个群体普遍倾向于自驾到不同地方。第三，自驾游市场呈现明显的季节性和潮汐性特点，由此形成潮汐车流，在大城市尤为明显。在大城市，周五下午出现出城潮，周日下午出现返程潮。

2.3 城市高铁游渐成气候

高铁对城市旅游的发展格局产生重大重构已成广泛共识，但具体到某一个城市而言，其影响的性质和程度则需要具体城市具体分析。已有研究表明，高铁的开通可能使得部分核心旅游目的地城市地位进一步强化，也可能使得沿线的中小旅游景区进一步被"过境化"，呈现"马太效应"[13]。高铁使得距离较近的两个城市之间形成同城化，如广州深圳香港,游客居住在任何一个城市,都可以在一天内游玩另一个城市。这决定了大湾区旅游的组织中心可以在临近的任何一个中心城市,而不一定要在目的地城市。随着中国高铁网络化的发展,大湾区内的任何一个城市都可以成为旅游组织和集散中心,而利用高铁的旅游线路则逐渐成为一种发展趋势。

2.4 城市商务会展仍是重点

商务会展旅游的消费层次高,价格敏感性低,消费规模大,一直是各个城市发展旅游的重点。城市商务会展旅游的发展与城市的地位和功能紧密相关[14]。城市功能和地位的提升是大城市旅游结构性增长的主导驱动力,也是促进城市商务会展旅游增长的重点[15]。换而言之,决定城市商务旅游增长的主要因素不是旅游业本身,而是城市的地位和功能。在大湾区内,广州、香港、深圳具有全球化的功能,吸引了来自全球的商务会展客流。东莞、中山、佛山、珠海等城市以工业立市,能够吸引专类市场(即与特定工业相关的商务会展旅游市场)。近年来,随着中央"八项规定"的实施,政府和国有企业不再选择在度假区和旅游景区开会,各个城市的度假区和景区转向了民营企业和外企,会议的规模减小,消费更强调定制化和经济性,产品也相应地做出调整。

3 粤港澳大湾区旅游多极格局现状

目前,粤港澳大湾区旅游发展呈现广州、深圳和香港三大组织集散中心的"多极格局"。大湾区广东部分

表1 广深珠组团港澳游情况(2010~2015年)

城市 \ 年份	2010	2011	2012	2013	2014	2015
广州组团	人次数					
香港	613999	604336	748131	657616	624200	475648
澳门	370131	472976	564146	496634	521537	510112
深圳组团	人次数					
香港	757506	1131925	1585775	2135168	2373086	2145874
澳门	133807	197839	212340	199827	233734	273090
珠海组团	人次数					
香港	117390	126333	138518	153981	161321	151624
澳门	55045	100119	105174	119977	98506	107743

数据来源:2011~2016年广东省统计年鉴。

的旅游组织中心是广州和深圳,珠海限于交通劣势,其旅游组织功能一直得不到发挥,尤其在港澳游方面,珠海尽管临近澳门,但其组团人次数远低于广州、深圳,见表1。

根据表1可知,广州、深圳是广东部分两大港澳游区域组织中心,也是内地游客港澳游的组织中心。其中,深圳以香港出游组织为主,组织规模大,近年来逾200万人次,已成为最大的集散中心。广州的港澳出游组织规模基本均衡,都在50万人次左右。珠海是赴澳门主要口岸城市,赴香港人数尽管超过澳门,但集散功能并不突出。而香港、广州、深圳也是赴澳门旅游的组织中心。值得注意的是,2015年,中国内地居民访港游客量高达4584.2万人次,其中绝大部分经由广东访港,而经由广州、深圳、珠海参团出游香港的比例不到10%,自助游和日常性往来则占有较大比重。因此,内地居民的

港澳游对广州、深圳、珠海等城市的旅游组织功能依赖性不强,但对集散功能的依赖性很强。根据香港统计局《香港统计年鉴(2016)》,香港抵港旅客中,1.12亿人次是经由陆路(公路和铁路)进入,占比高达75.72%,势必经由广州、深圳。澳门统计暨普查局的数据表明,2016年共有1775.96万游客经由陆路进入澳门,其中内地游客为1549.68万人次,势必经由珠海。广州、深圳、珠海每年至少集散1亿多人次港澳游。

从港澳居民访问内地的情况看,2015年,香港和澳门居民访问内地分别为7383.5万人次和2041.1万人次,二者相加接近一亿人次,大部分经过广东。根据笔者调研的结果,香港居民出游内地,主要通过香港、深圳和广州的旅行社,其中广东省内旅游以深圳和香港旅行社为主。由于香港居民出游力强,出游频次高,私家车拥有率较低,驾照拥有率不

图3 粤港澳大湾区城市间旅游流示意图　　图片来源：作者提供

高，自驾游习惯较弱，对旅行社产品的依赖性较高，几乎对广东各种旅游产品都有兴趣。香港居民的出游方向集中在珠江东岸城市的东莞、惠州，粤东的潮汕地区、广州周边及粤北，对珠江西岸的需求较少，主要是受到东西两岸跨江交通的限制。香港居民对珠西和粤西认知度和出游较频繁的景区是珠海横琴长隆度假区、阳江海陵岛、珠海海泉湾、珠海御温泉等温泉、滨海度假地。澳门居民出游广东省内主要依赖于珠海的旅行社，对珠江西岸城市的旅游景区有天然的地理亲近。

从国内中远距离出游乃至国际旅游情况看，广州、深圳和香港仍是三大国际出发地，而澳门则是中短距离国际旅游为主的出发地。香港国际机场中远程国际航线较多，服务质量大湾区最好，2016年旅客吞吐量超过7000万人次，位列全国第二。

广州白云机场增长迅速，2016年旅客吞吐量高达5973.2万人次，位列全国第四。深圳宝安机场2016年旅客吞吐量达到4197.5万人次，位列全国第八。珠海金湾机场和澳门国际机场2016年也分别实现了旅客吞吐量613万人次和660万人次。整个大湾区五大机场2016年实现了旅客吞吐量1.84亿人次，三极格局一目了然。从高铁运输看，由于香港尚未开通，主要依赖于广州、深圳中转。广、深两城高铁线路多，车次频繁，已经成为重要的旅游集散地。

广州、深圳、香港的三级格局是当前大湾区城市旅游发展的整体架构，珠海、中山、佛山、东莞也能根据各自城市旅游的特点形成一定的旅游吸引力和组织功能。在这样的三级格局下，大湾区城市旅游发展呈现明显的"东重西轻、南北两带、中部分散"态势，即旅游组织和集散功能以珠江东岸的广州、深圳、香港一线为主，而珠江西岸的佛山、中山、珠海、澳门的旅游组织和集散功能较弱。从旅游目的地看，形成了从肇庆、清远、广州（从化）一直延伸到河源的山泉休闲度假带和从阳江、江门、珠海跨江延伸到深圳、惠州的滨海休闲度假带。大湾区中部的东莞、中山、佛山等城市，以工业立市，形成了多个产业集聚区和工业专业镇，又是岭南文化的富集地（东莞莞香文化、佛山和中山的美食）吸引了大批的商务、购物和美食旅游者，但发展较为分散（图3）。

4 重大交通基础设施建设与网络型格局转变

4.1 大湾区重大交通基础设施建设

粤港澳大湾区将陆续建设一批交通基础设施，极大地改善区域城市间旅游流，重构区域城市旅游发展的格局。港珠澳大桥被认为是大湾区的标志性工程。大桥全长55km，连接香港、珠海、澳门，目前总体投资约1050亿元人民币，其中由粤港澳三方共同投资建设的主体工程概算约381亿元人民币，由总部位于珠海的港珠澳大桥管理局负责建设、维护、运营和管理。港珠澳大桥将极大地促进香港和珠江西岸城市群的旅游流。深中通道也是粤港澳大湾区的一项重大交通基础设施项目，该通道连接深圳和中山，是世界级超大的"桥、岛、隧、地下互通"集群工程，全长24km，于2016年12月30日正式开工，预计2024年建成通车。届时，深圳、东莞与珠江西岸城市群旅游流将更加便利、快捷。

大湾区目前有5个国际机场,分别是广州白云机场、香港国际机场、深圳宝安机场、澳门国际机场和珠海金湾机场,未来还将建设珠三角新干线机场和惠州平潭机场,由此形成围绕大湾区的7个机场。可以预见,大湾区7个机场之间的分工合作进一步深化,机场间的穿梭巴士和联运系统逐步完善,共同做大大湾区航空市场。香港机场以国际航线为主,经济高效且服务上乘,2016年旅客吞吐量超过7000万人次。广州白云机场和深圳宝安机场增长迅速,且扩建力度加大,2016年旅客吞吐量分别为5973.2万人次和4197.5万人次。珠海金湾机场和澳门国际机场基本服务于城市及周边区域,澳门在近程国际航线上有一定的优势,2016年也分别实现了旅客吞吐量613万人次和660万人次。机场之间的相互竞争也客观存在,随着连接各个机场陆路交通和通关政策实现便利化,竞争将更为直接。这迫使各个机场重新调整定位,创新产品和服务,受益的是市场。

广深港高铁即将开通,将进一步促进东岸的旅游流和商贸客流,强化广、深、港的湾区中心地位。广佛环线的建设将进一步加快广佛同城化,广州的旅游中心地位进一步加强。与此同时,南北放射线的穗莞深、广清、广佛江珠等城际铁路,以及东西放射线的广佛肇、莞惠、佛莞等线路进一步加密大湾区高铁路网。未来,大湾区的高铁格局必将是广州、深圳、香港三强鼎立,中山、东莞均限于土地稀缺,不可能建设大规模铁路枢纽,只能依托广州、深圳。珠海、佛山、澳门、江门、惠州、肇庆等必将形成中短距离高铁出行枢纽(图4)。与此同时,地铁的城市间连接也使得游客可以在大湾区不同城市间一日往返,住宿并不一定发生在目的地城市,也可能发生在这个交通网络中的任意一个城市,网络化结构形成。

图4 行驶中的高铁

图片来源:摄图网

邮轮母港的竞争同样激烈，内地游客越来越倾向于使用广州和深圳的母港，对香港邮轮母港地位有所冲击。近年来，中国邮轮市场增长迅速，2015年，中国内地前十的邮轮母港接待出入境游客达到248.05万人次，跃居全球第八位，大湾区各个城市都大力发展邮轮母港。广州靠近市场，是广州及周边城市乃至内地省区市场的出发港，但作为目的地港仍需要时日。深圳太子湾邮轮母港致力于打造出发地和目的地相结合的综合港口，重点开发东南亚乃至澳洲航线（图5）。尽管市场份额有所下降，但香港邮轮港国际化程度高，签证便利，服务好，出发和目的地均具有吸引力，能够吸引更多的国际游客。未来，三大母港的定位将进一步分化，随着大湾区各城市加大母港和目的地建设，邮轮市场在做大的同时，也将进一步细分。

4.2 大湾区的网络型城市旅游格局

大湾区重大交通基础设施的建设，将打破城市间现有的地理区隔，重塑各个城市的旅游区位优势，逐渐形成网络型城市旅游格局，主要有以下几个特点。

（1）珠海城市旅游中心地位和功能提升。随着珠江西岸旅游发展以及居民出游能力提升，加之港珠澳大桥、深中通道等重大交通基础设施建成，珠海在大湾区旅游格局中的地位和功能将显著提升，珠江西岸城市群乃至整个粤西城市都迎来新的旅游发展机遇。珠海作为珠江西岸旅游组织和集散中心，其地位的提升将使得大湾区"东重西轻"的格局有所改善，香港居民到珠江西岸乃至粤西城市旅游可以使用珠海的中心功能，降低了对深圳的依赖。与此同时，西岸城市居民访港以及借由香港机场出境亦可通过珠海经由港珠澳大桥到达。

（2）珠江东西两岸交互旅游流快速增长。港珠澳大桥、深中通道、虎门二桥、过江城际隧道等将极大地促进珠江东西两岸的旅游流和商贸客流。深圳、东莞、香港居民和外国人经由香港到珠江西岸乃至粤西城市的旅游流将大规模增强。珠江西岸城市居民经由大桥访港，或经由深中通道、虎门二桥、过江城际隧道出游深圳、东莞、惠州的规模也将快速增长，甚至珠江西岸居民和澳门居民经由香港机场出发的客流也会大幅增长。东西两岸旅游景区迎来更多客流的同时，城市旅游产品之间的竞争也更为激烈。

（3）大湾区城市同城化促进网络一体化。高速公路、高铁，加上越来越多的大湾区城市间地铁相连，大湾区城市2小时内均可到达。广佛同城化，广清已连接，广深构筑1小时生活圈，深港打造"一刻钟"生活圈，珠澳和中（山）珠（海）同城化再提速，大湾区逐渐形成网络一体化，对广、深、港三极的部分旅游依赖有所下降。大湾区各城市居民间出游互访可当日往返。对于外省乃至国际游客而言，商务会展游客以大湾区任意一个城市为基地，均可到其他大湾区城市旅游；而观光休闲游客一次串联不同的湾区城市，可以不走回头路，选择不同的机场或母港出入境。

（4）多种交通联运增进旅游效率和体验。网络型交通决定了网络型的城市旅游格局。随着不同交通方式联运接驳便利化，游客可以在一次出行线路上，不但可以不走回头路，还可以体验不同的交通方式。

图5 深圳太子湾母港　　　　　　　　　　图片来源：摄图网

对于传统的观光游客而言，"时间短、费用低、少换乘"是选择旅游交通的关键因素，而对于休闲度假和文化旅游者而言，体验不同的交通方式不失为一种选择。对于大湾区的旅行社而言，应该研究利用大湾区网络型交通体验，开发涵盖不同交通方式的旅游线路。

5 结论与讨论

重大交通基础设施的建设将重构大湾区城市旅游发展格局。随着粤港澳大湾区公路、航空、水路、高铁，甚至城市公共交通系统，尤其是地铁系统的完善，加之不同交通方式的接驳联运的便利化，大湾区旅游交通网络体系进一步加密，大湾区城市旅游格局将从目前的多极格局向网络型格局转变。城市旅游发展格局的转变引发大湾区各城市功能定位、旅游出游方式选择、产品线路开发、组织集散建设等一系列变化。大湾区核心城市的优势依然存在，但城市旅游发展将趋于机会均等。重大交通基础设施建设使得大湾区的网络型一体化加强，城市间的时间距离缩短，任意一个城市均有机会作为组织、集散基地游览其他城市。与此同时，任意一个城市也可以发展成为目的地城市，依托周边城市的功能形成相对独立的目的地体系。广州、深圳、香港在大湾区旅游中心的功能将面向广阔的国际和国内中远程市场，各城市间有效分工，方可实现协同发展。

重大交通基础设施的建设，仅仅实现了城市间的"硬连接"。与其他大湾区不同，粤港澳大湾区旅游交通的真正有效实现，还依赖于涉及海关、边防、公安、旅游、交通、税务、保险等一系列"软连接"问题的破解。例如，港珠澳大桥开通后，需要解决粤港间两地牌照管理的问题，否则依赖于现有两地牌照车辆很难实现规模旅游流。尽管粤港两地游艇存量和增量都相当可观，两地游艇码头建设水准和速度也很高，但两地间存在游艇的海上管治、联检等问题，加之费用昂贵，制约了粤港游艇自由行。

重大交通基础设施的投入使用，也将引发大湾区城市间旅游的激烈竞争，固有的多极结构被打破，网络型结构形成，每个城市都有机会，同时也面临被过境的风险。重大交通基础设施对区域旅游的影响是一把双刃剑。一方面，重大交通基础设施促进了旅游流动，扩大了旅游市场，但同时也为游客"当日往返"提供可能，降低了部分城市的过夜游客比重；另一方面，重大交通基础设施建设便利了人员往来，增加了旅游流量，使得东西两岸城市的旅游产品面临直接竞争。因应新时期大湾区交通的新局面，各城市政府都有各自的利益考量，以及相应的策略和部署。因此，建立一个能够在较高层面协调各个城市旅游发展的机制势在必行。与此同时，城市间的旅游合作也应该遵守市场化原则，充分运用和创新现代市场逻辑和商业模式，实现互利共赢。

基金项目

本研究受中国旅游集团公司"港珠澳大桥修通对粤港澳旅游发展的影响"课题资助。

参考文献

[1] Prideaux B. The role of the transport system in destination development[J]. Tourism Management, 2000, 21(1): 53–63.

[2] 杨仲元, 卢松. 交通发展对区域旅游空间结构的影响研究——以皖南旅游区为例[J]. 地理科学, 2013(07): 806–814.

[3] 苏建军, 孙根年, 赵多平. 交通巨变对中国旅游业发展的影响及地域类型划分[J]. 旅游学刊, 2012(6): 41–51.

[4] 王兆峰, 罗瑶. 旅游驱动下的张家界交通运输响应机制分析[J]. 地理科学, 2015(11): 1397–1403.

[5] 卢松. 旅游交通研究进展及启示[J]. 热带地理, 2009(4): 394–399.

[6] 张金宝. 经济条件、人口特征和风险偏好与城市家庭的旅游消费——基于国内24个城市的家庭调查[J]. 旅游学刊, 2014(05): 31–39.

[7] 汪德根. 京沪高铁对主要站点旅游流时空分布影响[J]. 旅游学刊, 2014(01): 75–82.

[8] 保继刚, 梁增贤. 基于层次与等级的城市旅游供给分析框架[J]. 人文地理, 2011, 26(6): 1–9.

[9] 保继刚. 有预算的消费与中国旅游发展[J]. 旅游学刊, 2015(02): 1–3.

[10] 梁增贤, 保继刚. 大城市旅游结构性增长的驱动力——基于广州和西安的比较研究[J]. 人文地理, 2014, 29(5): 127–133.

[11] 同[6].

[12] 薛枫. 国家旅游局: 2016年建设500个自驾车房车营地, 新华网, 2016年7月6日.

[13] 同[7].

[14] 同[8].

[15] 同[10].

城市旅游经济空间联系特征及其演化——以广东省为例

Characteristics and Evolution of Spatial Economic Interaction Among Tourism Cities: A Case Study of Guangdong Province

文 / 刘丹萍　王文龙

【摘　要】

文章基于社会网络分析方法和修正过的引力模型，从网络的整体性分析、节点的中心度分析和子群分析三个方面对时间序列下的广东省旅游经济空间联系网络的宏观、中观和微观结构特征进行了研究。结果显示，2000年到2012年之间，（1）联系网络的整体密度偏小，随着时间推移呈较快的增长趋势；节点之间的平均距离变化不大，2012年该值为1.721；（2）广东省旅游业从以广州为核心的单极格局向以广州、深圳为核心的两极格局演化；（3）网络目前处于"整体分层"和"局部分层"并存的状态，四大区域之间的相对地位差异明显，跨区域和跨级别城市之间的联系较少，区域之间存在一定的"边界屏蔽效应"。文章最后指出，广东省旅游经济的均衡发展既要在区域内部打造本区域的核心旅游城市，也要在跨区域（跨级别）的城市之间建立起更多更紧密的联系。

【关键词】

城市空间联系；空间结构演化；社会网络分析；引力模型；发展极；广东省

【作者简介】

刘丹萍　华南理工大学经济与贸易学院副教授

王文龙　华南理工大学经济与贸易学院硕士，深圳锦绣中华发展有限公司项目总监

1 引言

广东省是我国传统的旅游大省，根据《2014中国旅游业发展报告》，在全国省市旅游综合竞争力和现实竞争力这两项指标上，广东省均排名第一。广东省旅游经济在一定程度上代表了中国省域旅游经济发展的最高水平，对其进行研究是十分必要的。目前学界对于广东省旅游经济的研究主要涉及旅游经济增长模式及影响因素[1]、旅游经济时空差异及变化规律[2-5]、与第三产业经济的关系[6]等方面，此外还有部分学者对广东省典型区域的旅游经济进行了研究[7-10]。以上这些研究在方法上较多地采用了传统统计学方法，考察的指标主要集中在旅游经济宏观层面上，缺少深入中观和微观层面的分析；在研究视角上，将广东省不同区域旅游经济孤立看待，对区域间的旅游经济联系鲜有涉及。社会网络分析在处理"关系问题"时具有自身的独特优势，可以将该方法作为一种有益的借鉴。事实上，近几年来，旅游地理学领域已有部分学者运用该方法对地区间的旅游经济联系进行了研究，研究对象涉及跨界旅游景区[11]、国内典型的经济区域[12-16]以及单个省份[17,18]等。上述研究中较多的是选取一个时间界面来静态考察网络的特征，对于网络的动态演化规律较少涉及，而针对广东全省旅游经济空间联系的研究基本处于空白状态。部分研究也表明，广东省几大经济区域在旅游经济方面的巨大差距近年来并没有得到改善[19]，改变旅游发展的失衡局面亦需要理论研究作为指导。

基于以上思考，本文最终选择以"旅游经济联系"作为切入点，通过构建广东省21个地级以上城市的旅游经济空间联系网络，运用目前较为成熟的社会网络分析方法和技术，从宏观、中观和微观三个层次对该网络的结构进行了系统性的研究；在分析指标选取上，既包括个体性指标也包括整体性指标；同时也引入时间序列，研究了该网络近13年间的演化规律，从而获得了对于广东省旅游经济更加全面的认识。

2 研究方法

2.1 社会网络分析

社会网络是新经济社会学研究的核心内容之一[20]，在西方学者对社会网络的研究过程中，逐渐形成了社会网络分析（Social Network Analysis, SNA）这一独特的研究方法和视角。这一思想最开始出现于20世纪三四十年代的西方人类学领域，随后该思想在心理学、社会学、数学等领域得到了进一步的应用，在此过程中社会网络分析逐渐成为一种重要的社会结构研究范式[21]。自20世纪70年代末期以来，社会网络分析逐渐占据了欧美的主流社会学阵地[22]。该理论认为：人与人、组织与组织之间的关系构成了真正的社会结构。它倡导一种网络结构观，认为人们的"地位"及"权力"来源于其在关系网络中所占据的位置，因而反对传统的社会学理论里通过范畴属性来解释行为以及将人按照类别属性（年龄、性别、阶级等）进行分类的做法[23]，认为这可能会陷入范畴或者属性分析的个体主义方法论、还原主义解释和循环论证的困境[24]。

社会网络分析涵盖众多不同的分析视角，本文根据需要，从联系网络的整体性分析、节点的中心度分析和子群分析这三个方面来构建分析指标，这三部分分别代表对于联系网络宏观、微观和中观层次的考察，而本文中所涉及的这些指标均通过社会网络分析软件UCINET6.232计算获得。

2.1.1 整体性分析

这一部分指标是对联系网络的整体状况进行描述，主要包括网络的密度、节点距离以及中心势等指标。

密度（density）是指一个网络图中节点间联系的紧密程度，可以用网络中节点间实际存在的联系数目与可能存在的最大联系数之比来表示[25]。在有向网络中，其计算公式为：

$$N_0/(N-1) \qquad (1)$$

其中 N_0 为实际存在的联系数，N为网络节点数。该值在0到1之间，越接近1就代表网络节点之间的联系越紧密。

距离（distance）是指连接两点的最短路径的长度，在有向图中，该路径上所有联系的指向也须一致。

中心势（centralization）可以度量整个网络的中心化程度，该值越大就意味着"权力"越集中于少数节点，网络结构也越不均衡[26]。常用的是度数中心势（degree centralization）和中介中心势（betweenness centralization）两种，度数中心势越大说明网络围绕核心节点集聚和发散的程度越大，中介中心势越大说明网络中少数核心节点的中介能力越大[27]，中心势的计算过程详见参考文献[28]。

2.1.2 节点中心度分析

这一部分主要选取节点中心度这一指标，它描述的是节点在网络中的中心程度和拥有的"权力"大小，包括度数中心度（degree centrality）、中介中心度（betweenness centrality）和接近中心度（closeness centrality）三种。

2.1.2.1 度数中心度

某点的度数中心度是指在网络中与该点直接相连的点的个数。该值越高，就代表着该点处于关系网络中的中心位置，拥有较高的"权力"。在有向图中，依据联系的方向又可以分为点的入度中心度（in-degree centrality）和出度中心度（out-degree centrality），前者是指由其他点直接指向该点的联系数目，可以表示该点对于资源、信息的集聚能力；后者指由该点指向其他点的联系数目，在本文中指核心节点的经济辐射能力和门户功能[29]。

2.1.2.2 中介中心度

如果一个点处于许多其他点对的测地线（geodesic）上，那么该点就具有较高的中介中心度，它往往是沟通其他点对之间的桥梁，因此能够控制其他点对之间的资源流通、信息交流。

2.1.2.3 接近中心度

这一指标描述的是一个网络节点与其他网络节点距离远近的程度，与其他节点距离之和越小，则接近中心度越高，被其他点控制的程度越小，核心作用也越强[30]。

关于这三个中心度指标的具体计算，详见参考文献[31]，需要说明的是，利用目前被广泛使用的社会网络分析软件 UCINET6.232 可以直接计算中心度和中心势指标的大小。另外，由于在有向图中接近中心性这两个指标只有在完全联通图形（fully connected graph）中才能计算[32]，而本文中所涉及的网络存在未完全联通的情况，因此，接近中心度指标在具体分析中没有涉及。

2.1.3 子群分析

社会网络分析方法中，凝聚子群分析、核心—边缘分析和结构对等性分析等均可以实现对于网络中特殊关系下的子群体的研究。本文选取结构对等性分析里的CONCOR（迭代相关收敛）法来研究联系网络的子群体组成情况，用该方法得到的单个子群内部的成员对于整个网络来说具有结构对等性，因此可以将单个子群看作一个典型节点，这样可以直观地判断子群在网络中所扮演的角色，并判断不同子群（角色）之间的关系[33]。

2.2 引力模型

旅游地理学领域的引力模型是借鉴物理学领域的万有引力模型得到的。国内学者陈彦光（2002）等人对该模型进行了理论证明，使其从经验模型上升为理论模型[34]；王欣（2006）、段七零（2011）等人分别从不同角度对该模型进行了修正[35, 36]。结合研究实际，本文借鉴王欣等人的成果，得到计算公式为：

$$R_{ij} = K_{ij} \frac{\sqrt{P_i V_i} \cdot \sqrt{P_j V_j}}{D_{ij}^2} \quad (2)$$

其中R_{ij}是i、j两地之间的旅游经济空间联系强度，方向是由i指向j；P、V分别表示当地的旅游人次和旅游收入；D_{ij}表示i、j两地之间的距离；K_{ij}表示i地对于R_{ij}的贡献程度，表征当地经济结构特征，收入在一定程度能体现这一特征，故K_{ij}的计算方法为：

$$K_{ij} = \frac{V_i}{V_i + V_j} \quad (3)$$

3 数据来源与处理

3.1 数据来源

3.1.1 城市之间的距离

城市之间的公路距离从广东省交通运输厅公众网（http://www.gdcd.gov.cn/index.shtml）上查询得到，查询内容：A城市到B城市／自驾／一类车；查询时间：2014年10月9日晚，单位：km。

3.1.2 旅游收入和旅游人数

这两项数据均查询自《广东统计年鉴》[37]。旅游收入是指当年该市旅游业收入（旅游外汇收入和国内旅游收入之和）这一项，单位为亿元；旅游人数是指当年该市接待的过夜旅游者人数（入境游客和国内游客之和）这一项，单位为万（人次）。

3.2 数据处理

3.2.1 研究年份选取

本研究选取的时间范围为2000年到2012年的13年。考虑到数据处理量较大，故均匀选取了这13年中的5个年份（2000、2003、2006、2009和2012年）来进行具体的分析，用这5年的网络变化过程来反映该网络13年间的演化过程。

3.2.2 收入数据的修正

为了达到不同年份之间收入数

据的可比性,在使用公式(2)计算联系系数之前,先利用GDP平减指数(以2000年为基期)对收入这一项的数据进行了修正,以排除通货膨胀率的影响。

3.2.3 二值化处理

本文涉及的中心性等指标不考虑节点之间的交换或者交往的规模,仅适用于对二值图网络的测量[38]。同时,为了使各年份之间的指标具有可比性,必须选择一个统一的切分值(threshold value)对网络进行二值化处理,当联系强度大于该值时重设为1,反之为0。切分值不能过大或者过小而使网络出现全连接或者不连接的情况,二值化结果也要能反映网络结构的典型特征[39]。本文经过多次试验,决定将2006年的初始网络密度(1.760)作为切分值,最终结果也较好地体现了该网络的核心结构特征和演化过程。

3.3 研究区域信息

广东省21个地级以上城市及四大经济区域详细信息见表1。

4 分析过程

4.1 旅游经济空间联系网络的可视化

利用软件UCINET6.232自带的可视化组件NetDraw获得每一年的旅游经济空间联系网络图(图1)。

图1显示,2000年形成网络的10个节点城市为珠三角区域的全部9个城市以及粤北的清远市,这说明了珠三角城市群在整个广东省旅游业版图上的核心地位。2000年到2003年,连入网络的节点数不变,

表1 广东省四大经济区域信息

经济区域	组成城市
珠三角	广州、深圳、珠海、佛山、江门、东莞、中山、惠州、肇庆
粤北	清远、韶关、云浮、梅州、河源
东翼	汕头、汕尾、揭阳、潮州
西翼	湛江、茂名、阳江

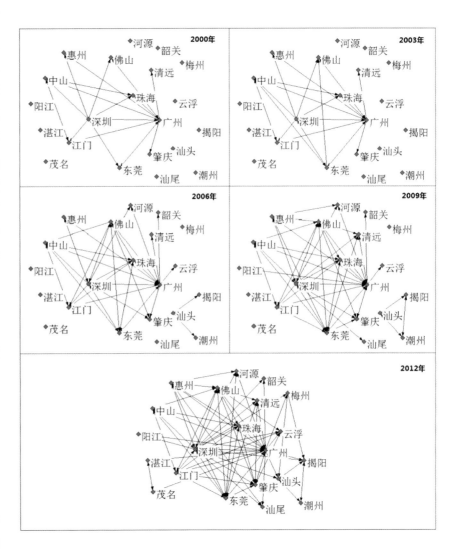

图1 广东省城市旅游经济空间联系网络　　　　　图片来源:作者提供

只增加了珠三角城市之间的联系。2006年,珠三角城市群之间的联系更加紧密,在2003年的基础上网络中连入了河源、韶关和云浮三市,这3个城市和清远均来自粤北区域,说明在此阶段中粤北旅游业发展较快。与此同时,东翼区域内部的潮州、汕头和揭阳之间形成了另外一个联

系网络,从关系指向来看,汕头是该区域内的核心城市,发挥了较强的辐射作用,但该网络并没有与珠三角网络建立联系。2009年,珠三角网络中加入了汕尾和阳江两市,阳江是第一个连入网络的西翼区域城市,东翼区域联系网络更加紧密,但它与核心城市网络还处于分离状态。2012年,所有城市形成了一个整体网络,联系数目达到最大。在此过程中,汕头、揭阳均与广州和深圳建立了联系,从而将两个分离的网络联接起来。这4个城市在连接不同区域网络的过程中发挥了重要的"桥梁"作用。

上述分析表明,广东省城市旅游经济空间联系网络的演化过程具有以下特征。(1)珠三角城市群之间的联系网络在广东省网络中占据核心位置,广东省网络很大程度上是在珠三角区域网络的基础上发展而来的。(2)演化过程说明广东省四大经济区域的旅游业发展水平存在差异,珠三角一直处于领先位置,粤北和东翼次之,西翼发展最为缓慢。(3)区域内部均有部分城市先与珠三角城市群建立起联系,它们是跨区域连接的"桥梁"。

4.2 网络的整体性分析

表2是利用软件UCINET6.232获得的整体性分析指标值,图2是根据距离数据所作的节点距离变化趋势图。

对于21个节点的有向网络来说,连线数的最大值是420(不考虑对角线,21×20=420),表2中密度值显示整个网络的密度都低于30%,网络较为稀疏,但是随着时间的推移,密度值和联系数目均呈现不断增大的趋势。进一步计算表明,在2003年以后的这一阶段,平均每三年,联系数和密度的增长率均达到了58.5%,增长迅速。而2000年至2003年期间,网络变化不明显,只增加了5条联系(对比这两年的0~1矩阵,增加的分别是东莞→佛山、中山→东莞、东莞→深圳、东莞→中山、珠海→广州的联系),这些联系均是在珠三角城市之间建立的,其中有4条与东莞有关,说明在此过程中东莞市旅游发展较快。

图2显示,2000年到2012年期间,距离为1和距离为2的节点对数大幅度增加;在2006年以前,长度为1的距离数比例最大;2006

表2 整体性分析指标

		2000年	2003年	2006年	2009年	2012年
密度(density)		0.052	0.064	0.110	0.169	0.255
联系数(No. of Ties)		22	27	46	71	107
距离 distance	长度1/所占比率	22/0.537	27/0.435	45/0.464	70/0.483	106/0.426
	长度2/所占比率	19/0.463	26/0.419	41/0.423	72/0.497	109/0.438
	长度3/所占比率	0	6/0.097	11/0.113	3/0.021	32/0.129
	长度4/所占比率	0	3/0.048	0	0	2/0.008
	平均距离	1.476	1.762	1.643	1.534	1.721

度数中心势(%)									
2000年		2003年		2006年		2009年		2012年	
出度	入度	出度	入度	出度	入度	出度	入度	出度	入度
41.750	15.500	40.500	19.500	51.500	20.000	50.500	29.500	73.000	20.500

中介中心势(%)				
2000年	2003年	2006年	2009年	2012年
4.710	6.140	8.140	12.670	16.820

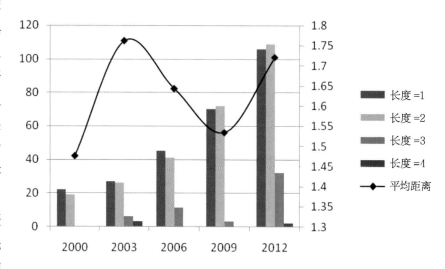

图2 节点距离变化趋势

图片来源:作者提供

表3 中心度指标

度数中心度（%）										
	2000年		2003年		2006年		2009年		2012年	
	出度	入度	出度	入度	出度	入度	出度	入度	出度	入度
广州	**45**	15	**45**	20	**60**	25	**65**	45	**95**	45
深圳	35	5	35	10	45	25	55	30	85	40
佛山	5	10	5	15	30	20	45	35	50	**45**
东莞	5	10	20	15	25	25	45	35	50	**45**
中山	10	**20**	15	**25**	20	**30**	30	30	30	30
江门	5	15	5	15	5	25	25	30	40	35
珠海	5	15	10	15	30	20	30	30	40	30
肇庆	0	5	0	5	0	15	10	20	35	40
惠州	0	10	0	10	5	10	20	20	30	30
清远	0	5	0	5	0	5	5	20	20	25
河源	0	0	0	0	0	10	0	15	5	20
云浮	0	0	0	0	0	5	0	5	5	25
韶关	0	0	0	0	0	5	0	5	0	10
梅州	0	0	0	0	0	0	0	0	10	10
汕头	0	0	0	0	0	10	0	10	5	25
揭阳	0	0	0	0	0	5	5	10	10	25
汕尾	0	0	0	0	0	0	0	5	0	15
潮州	0	0	0	0	0	5	10	10	10	10
茂名	0	0	0	0	0	0	0	0	5	10
湛江	0	0	0	0	0	0	0	0	5	10
阳江	0	0	0	0	0	0	0	5	0	10

中介中心度（%）					
	2000年	2003年	2006年	2009年	2012年
广州	**4.737**	**6.447**	**8.539**	**13.044**	**18.289**
深圳	0.000	0.482	3.978	3.728	10.044
中山	0.526	2.544	3.013	0.105	0.000
惠州	0.000	0.000	0.000	0.175	5.395
肇庆	0.000	0.000	0.000	0.000	5.430
东莞	0.000	2.193	0.417	1.289	2.329
佛山	0.000	0.000	0.228	1.816	2.149
珠海	0.000	0.965	0.404	0.105	0.149
江门	0.000	0.000	0.000	0.000	0.425
汕头	0.000	0.000	0.000	0.000	1.711
揭阳	0.000	0.000	0.000	0.000	1.711
潮州	0.000	0.000	0.000	0.263	0.000

注：未列出的9个城市在中介中心度这一指标上的各项数据均为0。

年以后，占最大比例的为长度为2的距离；而长度为3的距离数量近年来也大幅上升。这种变化趋势一方面与孤立节点不断连入网络有关，另一方面也说明已经连入的节点之间的间接联系增多了。整个过程中，平均距离在区间[1.45，1.80]之间波动，总体而言变化不大，2012年平均距离为1.721，意味着任意两个节点之间平均不到"两步"就可以建立紧密联系。

在整个过程中，出度中心势均大于入度中心势，前者平均是后者的2.5倍，2012年相差最大，达到了3.6倍，这说明了城市之间集聚能力和辐射能力并不对等，主要表现为核心城市的辐射作用，而集聚作用不明显，由此可知，整个网络的结构不合理，非核心城市对于核心城市的依赖较大，这种非对等性还呈扩大的趋势。

中介中心势在此期间呈不断上升的趋势。这说明除了少数核心节点之外，其他城市在网络中的"中介作用"被逐渐削弱，"权力"和"中介利益"趋于集中在少数城市。

4.3 节点中心度分析

表3是利用软件UCINET6.232计算出来的中心度数据，所列出的均为经过软件标准化处理之后的数据，可以用于不同年份网络间的相互比较。由表3可以看出，2000年至2012年期间广州市在出度中心度这一项指标上一直都排名第一，并且呈现不断增大的趋势，说明其巨大的辐射作用，深圳在这一项指标一直都位于次席，因此是广州以外辐射能力最强的城市，其他城市在这项指标上与上述两市的差距较大。

在入度中心度这一指标上，城市间的两极分化并不像出度中心度那样明显，中山、广州、东莞和佛

表4 广州和深圳出度中心度和中介中心度的绝对差异和相对差异

		2000年	2003年	2003年	2009年	2012年
出度中心度	绝对差异	7.071	7.071	10.607	7.071	7.071
	相对差异	0.177	0.177	0.202	0.118	0.079
中介中心度	绝对差异	3.350	3.963	3.225	6.587	5.830
	相对差异	1.414	1.087	0.515	0.786	0.412

表5 子群体分析结果

年份	子群信息	像矩阵				
2000	子群1：佛山 东莞 江门 肇庆 惠州 珠海 中山 清远 子群2：广州 深圳 子群3：茂名 汕头 揭阳 汕尾 湛江 阳江 梅州 潮州 河源 韶关 云浮		1	2	3	
		1	1	1	0	
		2	1	1	0	
		3	0	0	0	
2003	子群1：佛山 东莞 江门 肇庆 清远 珠海 惠州 子群2：深圳 中山 广州 子群3：茂名 揭阳 汕头 湛江 汕尾 梅州 潮州 河源 韶关 阳江 云浮		1	2	3	
		1	1	1	0	
		2	1	1	0	
		3	0	0	0	
2006	子群1：佛山 东莞 江门 中山 深圳 广州 珠海 子群2：云浮 肇庆 河源 清远 惠州 韶关 子群3：汕头 揭阳 潮州 子群4：茂名 汕尾 湛江 阳江 梅州		1	2	3	4
		1	1	1	0	0
		2	0	0	0	0
		3	0	0	1	0
		4	0	0	0	0
2009	子群1：佛山 东莞 汕尾 肇庆 深圳 江门 惠州 清远 中山 珠海 广州 子群2：云浮 河源 阳江 韶关 子群3：汕头 潮州 揭阳 子群4：湛江 茂名 梅州		1	2	3	4
		1	1	0	0	0
		2	0	0	0	0
		3	0	0	1	0
		4	0	0	0	0
2012	子群1：佛山 东莞 深圳 广州 子群2：江门 肇庆 惠州 云浮 中山 珠海 清远 子群3：梅州 揭阳 汕头 潮州 子群4：湛江 韶关 汕尾 茂名 河源 阳江		1	2	3	4
		1	1	1	1	1
		2	1	1	0	0
		3	0	0	1	0
		4	0	0	0	0

中介中心度这一项数据显示：2000年至2012年，广州市得分均最高；2006年以后，深圳市均处于第二名；到2012年，深圳和广州在这一指标上与其他城市差距明显。与度数中心度相似，在这一指标上得分较高的城市除了东翼的汕头和揭阳之外，其他城市都来自于珠三角区域。

为了进一步考察广州、深圳两市在整个广东省网络中的地位差异，选取出度中心度和中介中心度这两项评价节点中心化程度的主要指标，用标准差和变异系数分别代表两市在该指标上的绝对差异和相对差异[40]，计算结果如表4所示。

表4数据显示，虽然在此过程中两市在两项指标上的绝对差异并没有减小，但相对差异整体上均呈现下降的趋势，这意味着在整个网络联系越来越紧密的背景下，深圳和广州在网络中的地位越来越接近，目前已成为几乎同等重要的两极。陈浩（2011）等人认为珠三角城市群旅游空间格局已经由原来的以广州为中心的单极格局变成了以广州、深圳为中心的两极格局[41]。本文根据中心度分析，认为：广州和深圳二者所形成的两极格局不仅仅存在于珠三角区域内部，同样存在于整个广东省内部。

4.4 子群分析

利用软件UCINET6.232里的CONCOR法获得当年的子群信息，在获得像矩阵的过程中，将大于网络平均密度的子群密度统一用"1"来代替，其他的用"0"来代替，得到密度矩阵的像矩阵（image matrix），

山都占据过第一的位置，其中中山在2000年、2003年和2006年连续三次排名第一；广州在2009年、2012年两次排名第一，其中2012年和佛山、东莞两市并列。因此在2009年以前，中山市集聚能力最强；而在2009年以后，广州、佛山、东莞等城市逐渐取代了前者，成为集聚能力最强的城市；2012年深圳在这一指标上也上升至第二位。

以上分析表明，就辐射作用而言，广州和深圳两市已经明显成为网络中的两个核心极点；而集聚能力并没有出现类似的分化，集聚功能在城市间的分布更加均衡。就四大区域而言，无论是出度中心度还是入度中心度，排名最高的城市均来自珠三角，东翼、西翼和粤北区域都没有出现对于全省来说具有重要集聚作用或辐射作用的城市。

然后描绘出像矩阵的简化图(reduced graph)[42]。最终得到的子群体分析结果如表5所示，像矩阵的简化图如图3所示。

表5结果显示：2000年，子群1和子群2包括了珠三角区域的全部9个城市以及粤北的清远市，子群2由广州和深圳构成。结合中心性分析，可以判定子群2是网络中的核心子群，子群1包括珠三角另外7个城市和清远市，它们在网络中处于次核心的位置。子群3由其他12个还未连入网络的城市组成。

2003年，广州、深圳这一子群内部又加入了中山市，说明在2000年到2003年这一时间段内，中山市的地位得到了提升，子群1由7个城市构成，除了清远来自粤北之外，其他城市均来自珠三角，子群3全部都是由未连入网络的城市组成。

2006年，子群个数首次达到了4个，说明网络结构的层次进一步细化。子群1的城市数为7个，对比2003年的分析结果可知，2006年的子群1是在深圳、中山和广州这3个城市的基础上加入了佛山、东莞、江门、珠海这4个珠三角城市而形成的。此时子群1是网络中的核心子群，子群2中有两个珠三角城市（惠州和肇庆），另外4个城市（河源、云浮、韶关、清远）全部来自粤北区域，与2003年对比，说明这一过程中粤北经历了由点（清远）到面的发展。子群3全部由东翼区域的城市组成，由前面分析可知，此时子群3为网络中的一个孤立子群。子群由剩下的孤立城市构成，其中包括西翼区域的所有城市。

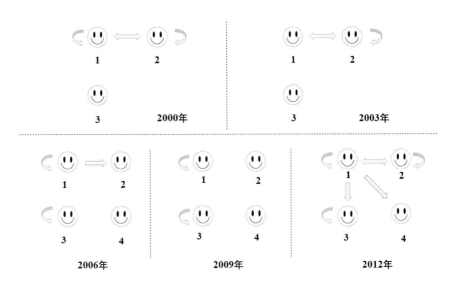

图3 像矩阵的简化图　　　　　　　　　　　　　　　　　图片来源：作者提供

2009年，每个子群的成员进一步调整，子群1包含了所有的珠三角城市，子群2由4个城市构成，其中3个来自粤北，1个来自西翼区域。子群3依然是网络中的孤立子群，其成员与2006年没有差别。子群4由仅有的三个孤立城市构成。

到了2012年，所有节点都连入网络之中，4个子群的成员数量比较平均。子群1是网络中的核心子群，由珠三角经济区的广州、深圳、东莞和佛山这4个城市构成，由此可知珠三角城市群也发生了分层现象，子群1不仅是整个广东省网络的核心子群，也是珠三角联系网络的核心子群。子群2由剩下的5个珠三角城市和粤北的云浮和清远两市组成，子群3和子群4中都至少包含两个不同区域的城市。

上述分析说明，在广东省四大区域之间以及单个经济区域内部城市之间都出现了分层现象，区域与区域、单个区域内部城市之间在网络地位上均存在差异，即广东省旅游经济空间联系网络目前正处于"整体分层"和"局部分层"并存的状态。而从子群成员构成情况来看，跨区域城市间的紧密联系要明显少于区域内城市之间的紧密联系，特别是旅游发展水平最高的珠三角区域的城市之间的联系最为紧密，这说明了在广东省四大区域之间也存在一定的"边界屏蔽效应"。

图3是对子群关系的进一步描述，指向自身的箭头说明该子群内部成员之间具有紧密的联系。2000年和2003年，子群1、2之间的关系均是"互惠性"的，即二者相互影响，它们与子群3无紧密联系；2006年，子群1、2之间为单向联系，表现为前者内的城市对后者内部城市的辐射作用，子群3、4相对孤立；2009年，子群之间均没有出现紧密的联系；2012年，4个子群之间的联系比以

往更加紧密，子群1对另外3个子群均表现了较强的辐射作用，子群1、2之间的关系是"互惠性"的，子群2、3之间以及子群2、4之间均存在间接的单向联系，子群1在子群2、3之间和子群2、4之间均作为"中介者"的角色存在，它能够影响和控制后面两对联系的形成和发展，并在此过程中获得"中介利益"。从整体来看（图3），子群内部出现紧密联系的情况要多于子群之间产生紧密联系的情况，说明同级别的城市之间更容易建立紧密的联系。

5 结论与讨论

5.1 结论

本文基于引力模型和社会网络分析方法，对时间序列下广东省旅游经济空间联系网络的宏观、中观和微观结构特征进行了研究，结论如下。

（1）2000年到2012年之间，广东省旅游经济空间联系网络的整体密度呈增大趋势，连入网络的节点之间的平均距离变化不大，2012年网络节点的平均距离为1.721，节点之间平均不到"两步"就可以建立起联系。

（2）珠三角城市占据网络核心位置，节点中心度指标显示它们在网络中拥有更大的"权力"，其他3个区域的城市位于网络的边缘位置；广州和深圳两市对于其他城市的旅游经济发挥着重要的辐射作用，广东省旅游业在这13年中逐渐由以广州为核心的单极格局变成了以广州、深圳为核心的两极格局，未来是否出现若干新的极点值得思考。

（3）联系网络目前呈现"整体分层"和"局部分层"并存的状态，四大区域之间、各区域内部城市之间的网络地位均存在差异；同级别或者同区域的城市之间更容易建立紧密的联系，而跨级别或跨区域的紧密联系较少，区域之间存在一定的"边界屏蔽效应"。

（4）网络位置上的非对等性体现了广东省旅游发展水平在区域间的差距。而从演化过程来看，每一个区域的发展都需要其内部若干关键节点的带动，以实现该区域由"点"到"面"的发展，例如粤北区域的清远市、东翼的汕头市等，因此西翼经济区需要大力打造自己的核心旅游城市。

（5）跨区域（跨级别）的城市之间的紧密联系对于信息的交流和资源的整合具有重要意义，而如果这种联系仅仅集中在局部区域时，往往会导致社会整体结构的破碎化[43]。广东省域旅游业发展的非均衡性问题明显，而当前这种区域间相对隔离的发展模式也会导致地区间差距进一步拉大，因此必须在不同区域、不同级别的城市之间建立更紧密的联系，互相整合资源。有关部门也要打破"边界屏蔽效应"，仅仅依靠本区域城市之间的互动并不能解决广东省旅游发展的失衡问题。广东省旅游业应实现由以"点"带"面"的发展到以"面"带"面"的发展，最终实现全省的均衡发展。

5.2 讨论

本文的不足之处如下。（1）对社会、文化等因素的作用研究不够，社会网络并非一种孤立存在物，它本身就嵌入制度、政治、文化等架构之中，在社会网络的形成及演化过程中，文化、制度等因素可能扮演着重要的"脚本"角色[44]，广东省各区域内独特的文化传统和制度情境是否导致了联系网络在区域间的差异化，也是下一步研究需要阐明的重要问题。（2）本文虽然力求通过对相关指标进行定量分析来获得客观的结论，但是还是不可避免地掺杂了作者的主观性，例如数据处理过程中对切分值的选择并不具有唯一性，这是方法上需要进一步改进的地方，这也需要不同学科学者们更深入的合作。

基金项目

教育部人文社会科学研究规划青年基金项目（10YJC860021）

参考文献

[1] 王颖，李慧清. 旅游经济的区域非均衡增长——以广东省为例[J]. 广州市经济管理干部学院学报，2006，8（01）：47-56.
[2] 方忠权，王章郡. 广东省旅游收入时空差异变动分析[J]. 经济地理，2010，30（10）：1746-1751.
[3] 李航飞. 广东省旅游资源与旅游经济空间错位发展研究[J]. 韶关学院学报，2011，32（10）：82-84.

[4] 王建军. 基于Theil指数的广东省入境旅游经济时空差异研究[J]. 地域研究与开发, 2012, 31(01): 99-103+115.

[5] 方应波, 熊宏涛, 张中旺, 易文芳. 广东省旅游经济区域差异特征研究[J]. 华中师范大学学报(自然科学版), 2014, 48(04): 601-605.

[6] 谢佳斌, 王斌会. 广东省第三产业经济与旅游经济的典型相关对比分析[J]. 统计与信息论坛, 2007, 22(02): 80-83+112.

[7] 王明星, 崔铁成. 对广东省山区县域旅游经济发展的分析与思考——以梅县、东源、清新、乳源四县为例[J]. 肇庆学院学报, 2006, 27(06): 56-60.

[8] 徐颂, 黄耀丽. 旅游经济综合实力评价与类型划分——以珠江三角洲为例[J]. 统计与决策, 2005, (9): 70-71.

[9] 李凡, 黄耀丽. 区域间城市旅游经济的溢出分析——以珠江三角洲城市群为例[J]. 旅游学刊, 2008, 23(05): 23-28.

[10] 肖光明. 珠江三角洲九城市旅游经济的联系状况分析[J]. 江苏商论, 2008(09): 92-94.

[11] 杨效忠, 刘国明, 冯立新, 梁家琴. 基于网络分析法的跨界旅游区空间经济联系——以壶口瀑布风景名胜区为例[J]. 地理研究, 2011, 30(07): 1319-1330.

[12] 张凯, 杨效忠, 张文静. 跨界旅游区旅游经济联系度及其网络特征——以环太湖地区为例[J]. 人文地理, 2013, 28(06): 126-132.

[13] 朱冬芳, 陆林, 虞虎. 基于旅游经济网络视角的长江三角洲都市圈旅游地角色[J]. 经济地理, 2012, 32(04): 149-154+135.

[14] 尚雪梅. 京津冀区域旅游经济空间结构研究[J]. 河北大学学报(哲学社会科学版), 2012, 37(03): 114-119.

[15] 方叶林, 黄震方, 涂玮. 社会网络视角下长三角城市旅游经济空间差异[J]. 热带地理, 2013, 33(02): 212-218.

[16] 王泽宇, 孙然, 韩增林, 刘桂春. 环渤海地区滨海旅游经济空间联系变化特征的网络分析及机理研究[J]. 海洋开发与管理, 2013(10): 109-118.

[17] 孙勇, 史春云. 江苏省旅游经济网络结构特征[J]. 北京第二外国语学院学报, 2013(09): 41-46.

[18] 郭喜梅, 李伟. 基于旅游流角度的云南省旅游经济联系的社会网络结构分析[J]. 旅游研究, 2014, 6(01): 88-94.

[19] 谈小刚. 广东省旅游经济发展的区域差异及其影响因素分析[D]. 广州大学, 2013.

[20] 赵磊. 网络: 旅游系统研究的新经济社会学转向[J]. 旅游学刊, 2011, 26(02): 20-27.

[21] 刘军. 法村社会支持网络——一个整体研究视角[M]. 北京: 社会科学文献出版社, 2006: 53-54, 37.

[22] 张文宏. 社会网络分析的范式特征——兼论网络结构观与地位结构观的联系和区别[J]. 江海学刊, 2007(05): 100-106.

[23] 林聚任. 论社会网络分析的结构观[J]. 山东大学学报(哲学社会科学版), 2008(05): 147-153.

[24] 李金华. 网络研究三部曲: 图论、社会网络分析与复杂网络理论[J]. 华南师范大学学报(社会科学版), 2009(02): 136-138.

[25] 同[21].

[26] 王永明, 马耀峰, 王美霞. 中国重点城市入境旅游空间关联网络特征及优化[J]. 人文地理, 2013, 28(03): 142-147.

[27] 吴晋峰, 潘旭莉. 京沪入境旅游流网络结构特征分析[J]. 地理科学, 2010, 30(03): 370-376.

[28] 刘军. 社会网络分析导论[M]. 北京: 社会科学文献出版社, 2004: 131, 216-219.

[29] 同[26].

[30] 刘法建, 张捷, 章锦河, 陈冬冬. 中国入境旅游流网络省级旅游地角色研究[J]. 地理研究, 2010, 29(06): 1141-1152.

[31] Shih H Y. Network characteristics of drive tourism destinations: an application of network analysis in tourism[J]. Tourism Management, 2006, 27(5): 1029-1039.

[32] 罗家德. 社会网分析讲义[M]. 北京: 社会科学文献出版社, 2010: 193, 286-296.

[33] 同[32].

[34] 陈彦光, 刘继生. 基于引力模型的城市空间互相关和功率谱分析——引力模型的理论证明、函数推广及应用实例[J]. 地理研究, 2002, 21(06): 742-752.

[35] 王欣, 吴殿廷, 王红强. 城市间经济联系的定量计算[J]. 城市发展研究, 2006(03): 55-59.

[36] 段七零, 毛建明. 基于引力模型与0-1规划模型的省域经济区划——以江苏省为例[J]. 经济地理, 2011, 31(08): 1239-1245.

[37] 广东省统计局. 广东统计年鉴[M]. 北京: 中国统计出版社, 2001~2013.

[38] 同[27].

[39] Chang P L, Shih H Y. Comparing patterns of intersectional innovation diffusion in Taiwan and China: network analysis[J]. Technovation, 2005, 25(2): 155-169.

[40] 王凯, 李华, 贺曲夫. 我国旅游经济发展水平省际差异的空间分析[J]. 地域研究与开发, 2007, 26(01): 63-67+94.

[41] 陈浩, 陆林, 郑嬗婷. 珠江三角洲城市群旅游空间格局演化[J]. 地理学报, 2011, 66(10): 1427-1437.

[42] 同[27].

[43] Granovetter Mark. The strength of weak ties[J]. American Journal of Sociology, 1973, 78(6): 1360-1380.

[44] 李林艳. 社会空间的另一种想象——社会网络分析的结构视野[J]. 社会学研究, 2004(03): 64-75.

城市码头区旅游休闲开发模式——以上海黄浦江两岸为例

Development Patterns for Tourism and Leisure Activities in Urban Dock Areas: A Case Study of Huangpu River Waterfront, Shanghai

文 / 毛润泽 李佳仪

【摘 要】

随着城市产业结构的调整和现代交通的发展，码头的工业生产和运输功能减退，城市码头区普遍面临着功能的转型与升级。码头是滨水区重要的形态，存留的工业建筑记录着城市的历史，是城市和市民重要的记忆场所，在滨水区公共空间开发中应得到充分重视和利用。本文基于对国内外码头区旅游休闲开发的案例总结，归纳出三种城市码头区旅游休闲开发模式，并对模式选择的影响因素进行分析。最后以上海黄浦江两岸码头为例，分析该区域码头的开发过程和经验借鉴，为当前城市码头区的旅游休闲开发建设提供参考。

【关键词】

城市码头区；旅游休闲；城市更新；黄浦江滨水区

【作者简介】

毛润泽 上海师范大学旅游学院副教授，硕士生导师
李佳仪 上海师范大学旅游学院硕士研究生

注：本文图片除标注外均由作者提供。

图1 法国塞纳河畔　　　　　　　　　　　　　　　　　　　　　　　　　　　　　　　　图片来源：摄图网

1 引言

城市滨水区是城市中重要的景观要素，成功的滨水区开发不仅可以改善城市的景观质量，还能促进城市功能的转变，提高城市的品质。20世纪下半叶以来，各国港口运输功能普遍减弱，滨水地区陷入萧条，成为城市社会、环境问题比较集中的地区。随着城市功能转型，滨水地区的综合治理受到各国重视。

码头是城市滨水地区沿岸重要的连接点，在城市更新背景下的再开发效果影响着滨水地区的功能，也是城市历史文脉保护工作的重要内容之一。目前，城市码头区正在经历从传统的交通运输、生产功能向商贸、娱乐休闲、文化教育、居住等多样化功能的转型过程。随着全民休闲时代的到来，各地对码头区的旅游休闲功能开发措施逐渐增多。北美地区包括美国芝加哥、波士顿、巴尔的摩与加拿大多伦多等港口城市，以及澳大利亚的悉尼，欧洲的英国伦敦码头区、法国塞纳河畔（图1）、德国汉堡等城市，它们通过保留、修缮原码头区建筑群，开发形成新的城市休闲功能区，成为游客和居民旅游、购物、消遣的区域。我国长江沿线的港口城市，如重庆、武汉等地，借鉴国外经验并结合城市现状，完善码头区的功能结构，改变单一的交通运输功能，向旅游综合体方向发展。

码头区是上海近代风貌变迁的重要见证。开埠前，黄浦江是优良的通海内河，两岸码头林立，近85km岸线上布满码头。但20世纪90年代，上海在快速迈向国际化的城市更新中，黄浦江两岸的滨水码头区域面临转型。上海市政府高度重视滨江两岸的贯通与休闲规划，在多个文件中都提出改善码头区域建设的意见与要求。自2001年上海市政府出台"黄浦江两岸综合开发计划"以来，黄浦江两岸地区的总体规划逐渐完善；2006年发布"十一五"规划，展示黄浦江两岸完整的开发规划，黄浦江逐步从交通运输航道向城市载体转变。随后的"黄浦江十二五规划"明确提出建设十六铺交通枢纽，完成多个轮渡站及多个旅游码头的改扩建，保护和传承历史文脉。2016年出台的"黄浦江十三五规划"明确要求重点区域展现功能形象，加强基础设施建设，消除沿江的断点和盲点，重视

图2 黄浦江两岸风光　　　　　　　　　　　　　　　　　　　　　　　　　　　　　　　图片来源：摄图网

传承，荟萃优秀文化。目前，黄浦江两岸已有多处码头成功实现功能转型，其经验值得借鉴（图2）。

2 城市码头区再开发

2.1 城市码头区的概念

码头区是港口的主要组成部分，一般位于海边、江河边，供客货轮或渡船停泊，具有运输、装卸和临时仓储等重要功能，大多由仓库、作坊、堆场、船坞、装卸设施及一些辅助构筑物构成。因地理位置便利，在工业时代，码头区一般是城市中工业、商业和服务业比较集中的地带。典型代表如伦敦码头区，是20世纪初全球最大的港务综合区之一[1]。

码头的种类和定义多样，按照不同的标准有很多分类。如按码头的平面布置可分为顺岸式、突堤式、墩式等；按断面形式可分为直立式、斜坡式、半直立式和半斜坡式；按照用途可分为客运码头、货运码头、军用码头等。因而，依据不同功能，码头区的内容及其历史文化价值存在差异。广义的码头包括滨水的渡口以及配套建筑和设施，主要是用于存储或生产的厂房、机器设备。

2.2 城市码头区的再开发实践

作为城市交通运输的枢纽，工业化使其码头得到飞速发展，是城市滨水区产品运输、储存和生产的工业聚集区，也是城市中经济和贸易最繁华的地带，人流、物流相对集中。而从20世纪中叶开始，城市功能加快转变，工业生产功能逐渐弱化和郊区化，码头地区开始衰落。典型的工业国家如英国、德国、美国和澳大利亚的滨水工业区在20世纪50年代逐渐衰落。实践表明，城市码头区的再开发方式主要分为彻底的更新和保守的再利用两类。

20世纪70年代以来，多数西方国家的传统工业受到冲击。例如，英国泰晤士河两岸的码头区工业大幅衰退，面临产业升级和转型的局面。在政府政策引导下，通过成立伦敦码

图3 英国伦敦西印度码头　　　　　　　　　　　　　　　　　　　　　　　图片来源：摄图网

头开发公司，改善码头区的物质环境和基础设施，增加投资，扩大营销，城市中心区开发的压力大幅度缓解，实现了城市经济结构转型。码头地区，如卡迪夫湾、西印度码头、皇家海军码头等借助更新实现功能转型，被改造成酒店、博物馆等（图3）。此外，美国的巴尔的摩港也是城市滨水码头区更新的经典案例。巴尔的摩港一度是美国东海岸衰落破败的码头。1965年以来，市政府逐渐将其开发成世界贸易中心，建成娱乐休闲、滨水步行等功能区，实现更新。

与此不同的是，部分码头则是以保护为主，实现功能转型。如美国旧金山的渔人码头，将原仓库改建成旅游购物中心，以特色商业为主。澳大利亚悉尼岩石区，将原码头区的仓库和建筑改造成酒吧区、历史人文景区，是旧建筑活化的典例。

总之，城市码头区工业功能衰退之后，都经历了不同类型的再开发，实现从生产功能向消费娱乐功能的转变，满足现代化城市发展的需求。

2.3 城市码头区再开发的文献述评

长期以来，码头的生产和运输功能比较突出，对码头的研究集中在集装箱码头等工业生产效率以及码头设计等方面，而对码头的旅游休闲功能转型和开发的研究较少。码头遗产作为独立的概念起源于20世纪60年代，相关研究集中在景观建设方面。如1988年霍伊尔分析了欧美滨水码头区更新案例。2002年日本土木学会编著《滨水景观设计》，对河流景观、空间构成和管理进行研究。国际建协在19届会议中提出"模糊地段"概念，指出码头废弃地段需要保护和重建。在此基础上，美国国家公园管理局（National Park Service）开展"国家最老码头遗产区域"项目研究。

国内对码头旅游休闲开发的研究相对薄弱，主要涉及以下几方面。
（1）从历史文化角度进行研究，如，刘萍（2006）对"近代中国的新式码头"的发展演变进行了研究[2]，王玉德（2011）对武汉码头文化的历史与发展演变进行了研究[3]，于一凡（2011）对上海东码头地区的更新和再利用进行了研究[4]。(2)从遗产保护的角度进行研究。如，王华等人（2009）以香港保护皇后码头事件为例，对公众参与公共性遗产资源保护的影响因素进行了分析[5]；王荻等人（2010）以码头古镇为例，对历史城镇非物质文化遗产的旅游开发模式进行了探究[6]。(3)对城市滨水区的规划和设计的侧面研究，集中在滨水景观建设方面。如，齐卓彦（2001）对滨水景观的组成形态、自然因素、城市空间形态塑造等进行了对比[7]；方英姿（2006）对河滨绿地规划设计进行探讨，提出滨水设计的几个误区[8]；陆邵明对码头区展开集中、系统研究，从国外码头区再开发经验介绍（1999），到城市更新中码头遗产的保护与再生（2010），并以上海黄浦江的码头遗产为例，探究拯救"集体记忆"（2012），在城市更新背景下保留"记忆场所"（2013）等[9-12]。

总的来说，目前学术界对于码头区再开发的研究仍显不足，多集中在微观层面的码头景观更新、码头环境设计、码头区工业遗产保护等方面，码头区开发多以案例描述为主，介绍利用方式和经验，缺乏系统性研究。同时，城市更新理论、地方理论成为研究码头区的主要依据，码头通常被归为城市滨水区更新的组成部分，强调在更新中建立和保留地方感。

2.4 城市码头区开发的理论框架

总结国内外经验，本文提炼出码头区旅游休闲开发的适用模式，

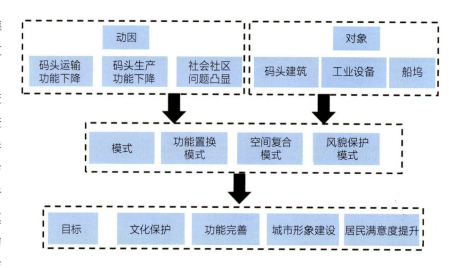

图4 码头区开发的理论框架

表1 码头区旅游休闲开发的主要模式

开发模式	开发重点	开发形式	案例
功能置换	再开发	主题博物馆、主题酒店、创意产业园区、商业街、公共游憩空间、商业金融办公区	悉尼渥石湾码头、上海民生码头
空间复合	开发		伦敦码头区、美国巴尔的摩港、日本横滨港、重庆朝天门码头、武汉杨泗港、上海黄浦老码头
风貌保护	保护	景观小品、雕塑、小广场	悉尼岩石区、上海北票码头、上海陆家嘴滨江公园

分析影响模式选择的社会、经济等因素，并结合上海黄浦江码头转型进行案例分析。

旅游休闲开发是城市码头区转型发展的有效方式，码头区再开发也能延续城市文脉、完善城市功能、提升城市形象。总体上，城市码头区旅游休闲开发的理论框架为动因、对象、模式、目标如图4所示。

3 城市码头区的旅游休闲开发模式

码头往往保留着深厚的城市记忆，是工业遗产的重要组成部分。码头区的转型开发需考虑码头的遗产价值，兼顾保护与更新。码头的地理位置、使用状况、社会经济、政策导向各不相同，应因地制宜选择开发模式。

3.1 理论基础

3.1.1 城市更新理论

城市更新源于1958年在荷兰召开的城市更新第一次研究会议，更新方式分为重建或再开发、整建、保留维护三种。城市更新不能被简单视为物质空间的推倒重建，其更主要的目的是将阻碍城市发展的要

素重新融入城市系统，建立一种新的发展秩序，强调地区乃至整个城市的协调发展，以实现整体效益最大化。码头是城市滨水地区重要的物质形态，历史文化价值较高的码头通常被列为城市工业遗产。码头区旅游休闲再开发需结合码头的区位、历史和现状，选择合适的更新和再开发模式。

3.1.2 工业遗产旅游

2003年，国际工业遗产保护协会（TICCIH）起草的《下塔吉尔宪章》提出，"为工业活动而建造的建筑物、所运用的技术方法和工具，建筑物所处的城镇背景，以及其他各种有形和无形的现象，都非常重要"，成为现今关于工业遗产相对权威的阐述。工业旅游包含工业生产旅游和工业遗产旅游。工业生产旅游是指以现有的工厂、企业、公司及在建工程等工业场所为旅游客体的一种专项旅游，游客通过了解工业生产与工程操作等全过程，获取科学知识，满足精神需求和基本旅游享受。工业遗产旅游起源于英国，是工业化到逆工业化进程中出现的一种从工业考古、工业遗产保护，逐步发展起来的新的旅游形式。具体而言，工业遗产旅游是在废弃的工业旧址上，通过保护和再利用原有的工业机器、生产设备、厂房建筑等，改造形成一种能够吸引现代人去了解工业文化和文明，并具有独特的观光、休闲和旅游功能的活动形式（李蕾蕾，2002）[13]。目前，工业遗产再开发利用途径主要有主题博物馆模式、创意产业园区模式、商业街模式和休闲游憩公共空间模式等。

表2 码头区旅游休闲开发模式及典型案例

开发模式	国别	码头区名称	开发要点
功能置换	澳大利亚	悉尼渥石湾	旧住宅、厂房区和废弃工业转型为高级公寓、酒店、文化娱乐产业、创意产业园区
	中国	上海民生码头	粮仓开发成为艺术展览馆
空间复合	英国	伦敦码头区	旧住宅、厂房区和废弃工业区转型为办公楼、商业、娱乐设施以及新建住宅。构筑了城市竞争的新载体，并完成了城市衰落地区机能和形态重塑
	美国	巴尔的摩港	旧住宅、厂房区和废弃工业开发为四大功能区：商业中心区、休闲娱乐区、展馆区和旅游观光区
	日本	横滨港	旧住宅、厂房区和废弃工业开发为五大功能：商务区、国际交流区、休闲娱乐区、商业区和滨水区
	中国	重庆朝天门码头	仓库、老房子、码头构筑物转型为集航运、水运、旅游、休闲和商业为一体的综合型码头
		武汉杨泗港	专业国际集装箱码头、码头遗址更新为市民休闲、购物、娱乐、健身的城市广场，为市民生活提供必要功能设施和大型活动场地，让居民3分钟能达到商业中心
		黄浦老码头	原十六铺码头开发为创意产业聚集地
风貌保护	澳大利亚	悉尼岩石区	仓库、老房子、码头构筑物被完整保留，赋予其现代城市生活内容 保税区仓库被改为艺术中心、餐馆、工艺品中心，船坞改为剧院。新增古帆船等强调其历史意义
	中国	上海北票码头	保留曾用于煤炭生产和运输的塔吊，彰显码头区的工业历史文化
		上海陆家嘴滨江公园	对原来立新船厂的修船码头进行再利用，保留部分工业遗产设施，成为城市居民新的休闲空间

3.2 主要开发模式

目前，码头旅游休闲开发模式可归纳为三种：以发展新用途为主的内向型功能置换（功能置换模式）、以形成功能区为主的外向型区域拓展（空间复合模式）、以延续文脉为主的保护型风貌再现（风貌保护模式），见表1。码头区旅游休闲开发模式及典型案例具体见表2。

3.2.1 功能置换模式

功能置换模式是在保护原有码头遗存的基础上，对仓库、船坞等工业设施进行修复，重新打造开发，作为商业、展览、娱乐等用地，恢复该地区的活力。该模式适用于码头区生产设施设备保存较好的情形。常见的功能置换形式包括将船坞改造为剧院、将厂房改造成为主题酒店和商店等。

典型案例如澳大利亚悉尼的岩石区和渥石湾码头区。岩石区曾是悉尼仓库、工厂、银行和酒吧的集中地，在改造中，很多旧建筑被保留，并赋予其现代城市的功能。老保税仓库的一部分被改建为艺术中心，大量老仓库、酒店等被改造为餐馆、工艺美术品中心，两座船坞建筑被改建为剧院和艺术中心。这些改造取得了良好的经济和社会效益。岩石区如今已成为一个功能混合、充

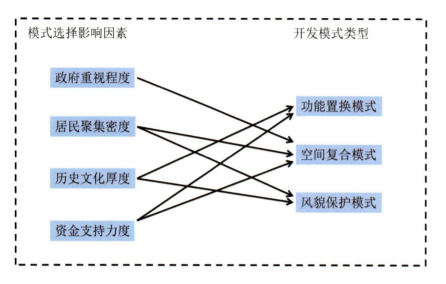

图5 影响城市码头区开发模式选择的主要因素

满活力的历史街区。渥石湾原来是悉尼港口的重要组成部分，20世纪70年代以后，随着大型集装箱运输的兴起而衰落。改造后，渥石湾以高级公寓、酒店及文化娱乐产业为主，老的码头仓库因极具特色的室内空间而成为创意公司的聚集地。由此可见，码头区不仅能改造成休闲区，甚至能成为高尚优雅的文化居住区[14]。

3.2.2 空间复合模式

空间复合模式是在现有码头区的基础上，通过规划开发周边滨水地段，使之与原码头区一起成为城市滨水休闲旅游空间。该类开发模式通常需要政府的政策支持和专业策划，一般适用于地理位置较好、客流量较大的中心码头区。

典型案例是美国东海岸的巴尔的摩港。巴尔的摩最初是以港口运输、海产品贸易为主的小镇。20世纪初，巴尔的摩港口航运及相关工业逐渐向南及东南迁移，内港因设施陈旧、无法适应新的工业发展需要而衰落。1965年以来，政府与企业联手对内港进行改造、更新，建成集商业、办公、娱乐等功能于一体的城市生活中心，并成功带动市中心的开发建设，改建后的内港已成为巴尔的摩重要的经济活动区。

3.2.3 风貌保护模式

码头区旅游休闲开发与氛围营造需要基础设施和文化景观的支撑。风貌保护模式是对现有设施进行修葺和还原，通过保留原码头地区建筑、生产设施设备等要素，重建景观小品，打造城市滨水休闲游憩公共空间，再现滨水地区的历史文化风貌。该模式强调码头遗产与其周边区域的环境与景观特性。利用独特的码头工业景观，将区域的环境整治与休闲、游憩、办公、商业等综合文化功能结合起来，促进码头区的生态环境可持续发展，提高本地段的整体景观和文化环境特色，从而带动整个地段发展。该类开发模式通常适合历史文化底蕴深厚或者有重要历史事迹发生的码头区，包括滨江公园、绿地、滨江大道等表现形式。

典型案例是英国卡迪夫湾码头区。伦敦市政府为复兴老卡迪夫湾，在建造防汛大坝、塑造可控的滨水区域的基础上，将船坞改造为亲水纪念广场，将伦敦泰晤士河水闸公园的船坞改造为艺术花园，利用原有的滨水场地和大坝建立生态公园，构建完善的亲水步行系统、水上巴士公交系统，采用公共艺术作品来营建海战历史与城市场所记忆。这种模式再现的不仅是景致，还涉及市民日常生活及情感过程。

3.3 开发模式选择的影响因素

不同模式侧重点不同，须在开发、保护之间构建平衡，模式选择受政府规划、社会资本、居民聚集、码头区位等多因素影响（图5）。不同码头区应在合理评估现状的基础上，选择适当的开发模式。

3.3.1 政府重视程度

很多欧美国家的码头区都经历了从兴盛到衰落的过程，最初码头区改造和转型多是被动的。衰落的码头区在社会治安、环境治理等方面存在着严重的隐患，迫使政府加以整治和改造。政府一般会借助城市规划职权，改善码头区基础设施，继而设立项目公司或将项目外包以实施深度开发。如政府政策和财力可行，可以采取空间复合模式对码头及周边区域进行统一规划、改造，打造旅游休闲商业街区或综合游憩地段。例如，在巴尔的摩内港的开发中，政府投入大量资金进行前期开发准备，包括使用中央政府的旧城改造资金以及公开发行债券。

3.3.2 居民聚集密度

城市居民的聚集度决定了码头地区功能转型方向以及管理模式。当码头处在人口密集的地区，应充分考虑居民和游客需求，采用风貌保护模式和空间复合模式，恢复或重建码头区历史风貌，打造市民和游客共享的公共空间和亲水平台。例如，东京的晴海码头位于市中心，是重要的客运中心。城市更新规划为其精心设计了建筑和景观小品，码头以一座玻璃建筑作为主要建筑，内设咖啡厅、餐厅，同时留有候船厅，兼顾交通节点功能和休闲娱乐功能，现已经成为东京著名的旅游景点，也是本地居民活动的公共场所。

3.3.3 历史文化厚度

码头是城市发展历程的缩影，是城市历史文脉的重要载体，对历史文化价值较高的码头要重点保护。可以采用功能置换模式或风貌保护模式，对原建筑和设施进行合理改造，尽量保留外观，改善内部设施，使之适应现代城市的功能要求。例如，悉尼渥石湾"手指形"码头在最初的改造计划中被列为拆除对象。然而，该码头已成为悉尼居民心中的历史符号，拆除会破坏"手指"的形状，故遭到公众的强烈反对。最终，该码头被改造为新公寓、酒店等，修复破损的外观，植入新功能，从而保留原街区的肌理和形态[15]。

3.3.4 资本支持力度

码头地区的更新和开发离不开资本的注入。资本的支持决定了开发和更新的力度和类型。丰厚的资本能有效促进码头区旅游配套设施以及活动项目的开发。相应地，码头区改造适宜采用空间复合模式或功能置换模式。例如，1967年，"南街港之友"民间组织开始募集资金，用于改造美国曼哈顿河畔港口；1979年，政府与部分公司签订合同，正式启动改造工程。在充分评估该地区历史建筑价值的基础上，明确提出该地区开发以"保护与复兴"为主，开设特色餐厅与商店，充分保留、修缮当地的建筑、船坞、灯塔等码头标志物，延续街区历史形态和当地特色民俗。目前，该地段成为历史文化氛围浓郁的购物场所，是纽约游客的钟爱之处。

4 上海黄浦江两岸码头的旅游休闲开发案例

4.1 浦东民生码头

4.1.1 码头历史

民生码头有超过一百年的使用历史，旧称蓝烟囱码头，东起洋泾港，西至民生路，岸线长约740m。1975年，上海港务局在该码头建造了容积为5.1万m^3的大型圆筒仓，从此成为上海港散粮、散糖装卸专业码头。目前，该码头以4万吨和8万吨的粮食筒仓为标志，被列为上海市文物保护建筑和工业遗产，成为黄浦江东岸贯通的重要节点之一（图6）。

4.1.2 码头开发

时过境迁，民生码头的粮食存储与集散功能逐渐衰退。2010年，上海市政府决定改建民生码头，将其定位为文化创意与休闲娱乐综合体，打造滨江景观，由上海市申江两岸开发建设投资(有限)公司负责。民生码头改造将成为连接和重整城市滨江断裂空间的示范性项目。按照"遗产活化"的理念，该码头将8万吨粮仓及其周边建筑改造成民生文化城内的演艺天地、英式红砖建筑改造成文化交流的展示区，每个改造后的筒仓下都会有一个艺术空间，筒仓顶将展示两岸贯通的成果，成为市民的观景平台。同时，引入时尚传媒产业，辅以教育、餐饮与酒吧等配套商业形态，实现粮仓向时尚廊桥的转变，最终打造为演出经济产业链的承载体（图7、图8）。

4.1.3 开发经验

民生码头的开发采用的是功能置换模式。从开发规划和措施中可见，码头的更新与再利用基本没有扩充土地面积，而是利用码头工业区的标志性建筑作为开发的主体，通过功能的转换，实现工业建筑的再利用。在新功能的选择上，以举办时尚、艺术展览为导向，以餐饮服务业作为配套产业，充分利用仓库的空间，打造完善的配套服务。

4.2 黄浦老码头

4.2.1 码头历史

老码头的前身是十六铺码头，是清朝第一批官派留学生出发的地方，成为进出上海的标志，曾经聚集着上海油脂厂等工厂，也是杜月笙、黄金荣控制的公司的仓库，以上海最典型的石库门建筑为主。2010年，上海世博会筹备期间，经各方商讨，黄浦区政府决定对该地区进行修整，定位为创意产业园区，强调合理利用原有建筑、保留上海城市文化、体现东西方文化融合。

4.2.2 码头开发

老码头改造保留了具有地方性的石库门建筑，融入现代化的玻璃和

图6 上海民生轮渡码头　　图片来源：作者提供

图7 上海民生码头公共游憩空间　　图片来源：作者提供

图8 上海民生码头仓库内部空间设计展示
图片来源：作者提供

钢结构元素，引入酒吧、餐厅、创意商店等。老码头一期改造项目主要由两片区域构成：广场区和创意园区。广场中央复制了一排石库门建筑，通过水池、喷泉等景观小品营造休闲氛围。创意园区集中在南片，汇聚创意产品工作坊、先锋艺术家工作室、商务办公等场所。老码头被评为2008年十佳创意产业园和2009年上海市工业旅游景点，成为南外滩板块时尚新地标（图9）。老码头二期改造项目以沿江的5座仓库为主，计划打造为观赏江景的精品会所，包括音乐酒吧、高档餐厅和私人会所等。每年夏天，以滨江大道为中心举办啤酒节、外滩音乐节等活动，为老码头的活化积攒了充足人气（图10）。

4.2.3 开发经验

老码头的开发采用的是空间复合模式，精心规划，通过开辟新区域，结合原码头区的建筑风格，引入酒吧、餐饮等服务行业，同时开辟创意商业区，形成具有自身特色的创意产业园区，打造中心城区旅游休闲功能区。

4.3 徐汇北票码头

4.3.1 码头历史

北票码头位于黄浦江西岸，曾是海轮、江轮、驳船的水陆联运区，是上海港装卸煤炭的专用码头，有机械化、高效率的煤炭装卸作业线。改革开放后，北票码头再次经历升级改造，岸线延长到约515m，吞吐量增长至近500万吨。20世纪90年代，北票码头不仅保障上海供电系统，也承担着浙江、江苏、福建等省市部分煤炭供应的装卸和中转任务,是名副其实的华东地区的能源中心。

4.3.2 码头开发

随着城市更新发展,北票码头的煤炭装卸影响了周边居民的生活和滨江环境。2010年,上海市启动"黄浦江两岸综合开发计划",徐汇滨江是上海市"十二五"规划的六大重点功能区之一。2011年,徐汇区第九次党代会提出打造"西岸文化走廊品牌"工程战略,北票码头改造位列其中。

借鉴英国金丝雀码头复兴经验,对北票码头的历史遗存进行保护性开发,打造公共空间。码头的塔吊、海事塔、火车站、轨道等工业生产设施被保留。临近原北票码头的工业用地也得以再次利用,成为龙美术馆(西岸馆)的所在地。经过精心设计,工业传送带、铁轨等工业设施与充满理性、冷静气质的龙美术馆主建筑相得益彰,成为展示当代艺术的理想场所,营造了滨江景观的艺术气息(图11、图12)。

4.3.3 开发经验

北票码头的工业设施保存状况相对完好,在徐汇滨江规划中占据着重要位置,改造开发采用的是风貌保护模式。在更新中,完整地保留了塔吊,使其成为记载煤炭生产和运输历史的象征,凸显滨江旅游休闲的文化底蕴。

图9 上海老码头广场　　图片来源:作者提供

图10 老码头罗望子泰越餐厅酒吧　　图片来源:作者提供

5 结论与建议

5.1 结论

5.1.1 码头旅游休闲开发有助于码头遗产活化

码头是城市重要的历史文化资源,体现着城市的独特内涵。码头建筑与工业设施是城市繁华的工业时代的缩影。码头旅游休闲开发,应充分尊重历史和地方特色,保留和传播地方历史文化,增强城市居民对码头区的认同感和归属感,使码头遗产得到活化。

5.1.2 码头旅游休闲开发有助于丰富市民生活

亲水是人们观赏、接近和触摸

图11 北票码头龙门吊　　　　　　　　　　图片来源：作者提供

图12 龙美术馆西岸馆（原北票码头"煤炭传送带"建筑）　　图片来源：作者提供

水的一种自然行为。码头是滨江岸线的独特景观、滨江公共空间的核心组成部分，也是居民亲水的重要平台。在确保安全的前提下，亲水平台、栈道等亲水设施的设计以及亲水活动的安排，是市民感受滨江休闲旅游带特色的重要方式。

5.1.3 码头旅游休闲开发有助于提升游客体验

旅游发展日趋成熟，游客需求呈现多样化、个性化趋势，不再停留在"走马观花"的粗放状态，更加注重服务质量和体验度。旅游休闲有助于展现码头区作为"记忆场所"的功能，营造"身临其境"的地方历史文化体验感，辅以完善的基础设施、景观小品等配套设施，给游客提供多元选择，能提升游客的体验感和满意度。

5.1.4 码头旅游休闲开发有助于改善城市形象

滨水区是重要的景观要素，成功的滨水区开发不仅可以改善城市景观质量，还能促进城市功能转变，提高城市品质。

5.2 建议

游憩是现代城市的一项基本功能，休闲旅游是城市转型发展的必然取向。因此，对码头区——城市滨水旅游休闲重要板块的功能调整与再开发，贯通城市滨水休闲廊道，是全域旅游时代城市目的地建设的重要举措。

在宏观层面，各地政府要加强滨水地区和码头区的规划建设，给予充分的政策支持，从区位、交通、历史文化、完整度等方面系统评估码头区价值，明确码头再开发的方向和模式，依托码头区改造、复兴，全面提升城市综合发展环境，深化城市转型发展。

在中观层面，码头区再开发的各利益主体应在保护码头遗存的基础上，结合当地文化底蕴，有序推进差异化、特色化的项目开发与产品建设，注重体验性与文化性。

在微观层面，社区参与是码头区再开发和遗产保护的重要内容。香港皇后码头、悉尼渥石湾码头等改造实践表明，码头标志物可以成为当地居民心中的文化符号，能够凝聚居民情感、汇聚地方精神。因此，在城市更新和码头改造中应当鼓励公众参与，尊重民众意见，使居民成为滨水区改造的建设性力量。

基金项目

国家社科基金青年项目（13CGL083）资助

参考文献

[1] 张杰. 伦敦码头区改造——后工业时期的城市再生[J]. 国外城市规划, 2002(2): 32-35.

[2] 刘萍. 近代中国的新式码头[M]. 北京: 人民文学出版社, 2006.

[3] 王玉德. 武汉码头文化的历史源流与发展演变[J]. 世纪行, 2011(5): 43-45.

[4] 于一凡, 赵兆, 等. 从历史码头到世博水门——上海东码头地区的更新与再利用[J]. 城市建筑, 2011(2): 57-59.

[5] 王华, 梁明珠, 等. 公众参与公共性遗产资源保护的影响因素分析——中国香港保留皇后码头事件透视[J]. 旅游学刊, 2009(4): 46-50.

[6] 王荻, 袁尽辉, 许劼, 等. 历史城镇非物质文化遗产的旅游开发模式浅析——以码头古镇为例[J]. 上海城市规划, 2010(2): 53-57.

[7] 齐卓彦. 城市滨河景观与滨海景观的对比研究[D]. 大连理工大学, 2001.

[8] 方英姿. 浅议城市滨河带状绿地设计[J]. 安徽农学通报, 2006(13): 127-128.

[9] 陆邵明. 是废墟, 还是景观?——城市码头工业区开发与设计研究[J]. 华中建筑, 2009(2): 102-105.

[10] 陆邵明. "物—场—事": 城市更新中码头遗产的保护再生框架研究[J]. 规划师, 2010(9): 109-114.

[11] 陆邵明, 刁嘉辉, 赵浩林, 等. 港口城市的集体记忆 "码头遗产"——以上海为例[J]. 现代城市研究, 2012(10): 39-49.

[12] 陆邵明. 场所叙事及其对于城市文化特色与认同性建构探索——以上海滨水历史地段更新为例[J]. 人文地理, 2013(03): 51-57.

[13] 李蕾蕾. 逆工业化与工业遗产旅游开发: 德国鲁尔区的实践过程与开发模式[J]. 世界地理研究, 2002(03): 57-65.

[14] 冷天翔, 龚恺, 等. 旧码头, 新街区——以澳大利亚三处传统码头改造为例[J]. 城市建筑, 2006(12): 46-49.

[15] 同[14].

德国柏林城市绿地系统：空间规划、公园特色与旅游发展策略

Urban Green Space: Spatial Planning, City Parks and Tourism Development Strategies in Berlin, Germany

文 / 刘清愔 汪 芳

【摘 要】

城市绿地不仅为人们提供舒适、健康的环境，同时具备娱乐、审美和游憩的功能。每个城市都有独特的地域特征和历史文化。植被是营造独特的城市文化、艺术氛围与绿色环境的重要元素。本文从柏林绿地系统规划的历史变迁和现状入手，分析其城市绿地的形态特点和规划方式，并以此作为切入点，研究柏林绿地系统形成的旅游策略，为城市旅游规划和实践提供借鉴。

【关键词】

城市绿地；游憩；城市公园；德国柏林

【作者简介】

刘清愔 北京大学建筑与景观设计学院/中德城镇化与地方性研究实验室硕士研究生

汪 芳 通讯作者，北京大学建筑与景观设计学院教授，中德城镇化与地方性研究实验室主任

1 引言

绿地是人居环境中最能发挥生态功能的系统,是自然因素和人为因素的景观综合体[1]。世界上有一半的人生活在城市中,城市绿地系统作为重要的环境因素极大地影响着人们的生活。城市绿地系统泛指城市区域内一切人工或自然的植物群体、水体及具有绿色潜能的空间,由相互作用的具有一定数量和质量的各类绿地所组成,是一个复杂的自然—社会—经济复合生态系统[2]。通过绿地系统,可以实现生态服务功效、优化城市生态和提升城市人居环境。除生态功能外,城市绿地作为开放空间也是承载文化多样性,展示人们与自然接触后产生并保存记忆的场所[3]。此外,游憩功能也需要娱乐休闲和审美功能作为驱动力,吸引居民假日来此休闲以及游客前来游览。因此,提升"绿色可持续城市"形象有助于保证游人享受自然的、令人愉悦并且无污染的设施(例如城市公园)[4]。

柏林作为欧洲第三大旅游目的地城市(位于巴黎和伦敦之后)[5],有着悠久的历史和丰厚的文化底蕴。二战期间曾遭受大面积毁坏,经历战后重建,柏林市的样貌变化巨大,城市更新速度快。20世纪80年代,柏林政府采用"批判性重建"作为核心准则[6],逐步恢复二战前的街道肌理,这种城市肌理的缝补实质上是对民众心理创伤的抚慰,也是对二战及之后东西分裂这段历史的反思。因此,自然环境本身承载着的重要疗愈作用被规划者用来为市民提供更好的居住环境。柏林的废弃工业场地、旧的火车轨道以及从前东西德分界地带都被改造为城市绿地,大大增加了绿地范围和连通性。

与欧洲其他城市不同(如威尼斯等),柏林在最初的规划中并没有考虑将旅游业作为自身的支柱产业,而是优先考虑居民的权利,包括13%的外来移民。但是近几年的规划中,柏林也在致力于打造自身的城市旅游特色。2011年,《柏林策略》(*Berlin Strategy*)强调要将柏林变成"绿色首都"。虽然柏林的人口一直在持续上涨,住房需求逐年加大,但是柏林政府将继续扩大城市绿地

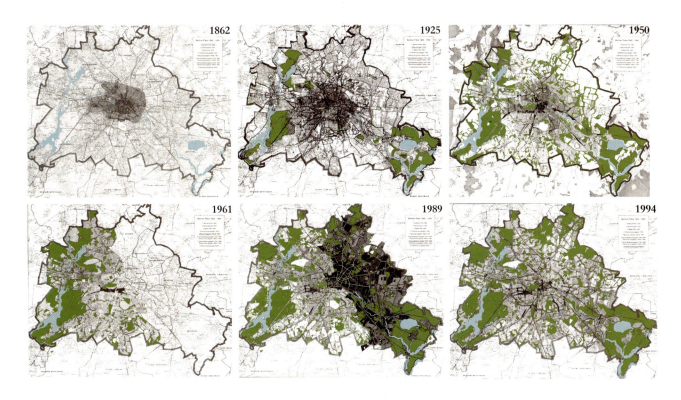

图1 柏林土地利用规划图(年份:1862年、1925年、1950年、1961年、1989年、1994年;蓝色:河流、水域;绿色:被规划的各类绿地)。其中1950年的城市边界为本文作者根据其他时期的图件添加,原图中没有表现城市边界

图片来源:作者自绘(参照柏林市政网站官方文件http://www.stadtentwicklung.berlin.de/planen/fnp/de/downloads/index.shtml)

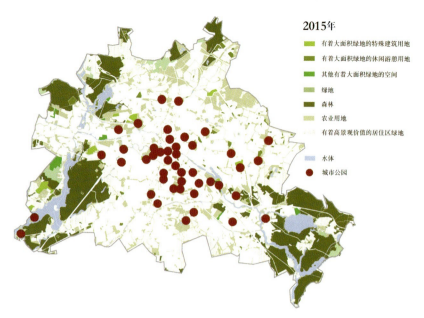

图2 2015年柏林绿地系统规划图（绿地、水体及城市公园）

图片来源：作者自绘（参照柏林用地规划，分类参照官方文件 http://www.stadtentwicklung.berlin.de/planen/fnp/de/downloads/index.shtml）

面积。2012年，《柏林城市景观策略》（*Urban Landscape Strategy Berlin*）中提到柏林未来三个发展目标，即"美丽城市""富饶城市"和"自然城市"，都与城市绿地、水体和公共空间有关[7]。2017年的柏林园博会也让"绿色"柏林享誉国际。目前，柏林是世界上"最绿"的城市之一。而最主要的休闲活动地点将会提供安全的、大型的开放空间，并且与高密度建成区之间形成紧密联系，增加可达性。

2 柏林的绿地系统规划

2.1 柏林绿地系统规划的历史变迁

柏林的城市规划经历了一个相对连续的过程，并且不断加强对城市绿地空间、生物多样性等方面的关注[8]。图1为柏林各阶段现存的土地利用规划图。其中，蓝色表示水域（河流、湖泊、水道等）；绿色表示被规划的各类绿地（森林、农田、城市公园等）；此外，其他未标注地区不代表没有绿地，只是未被考虑到当时的城市规划中。可以看出，在1862年柏林的规划图中，只有中心城区被列入规划范围，而城市的其他部分被忽略，城市规划尚未关注环境生态问题。哪怕建设城市公园也都是与整体城市不相关联的个别地段小尺度规划。这个阶段，大部分公园为私家园林，并且为贵族所有（如Glienicke城堡公园[9]）。但随着城市人口激增[10]，以及"公园运动"（Park Movement）兴起[11]，一些向公众开放的公园也已建设（如最早的柏林动植物园、弗里德里希公园等[12]）。

1925年规划图中的绿地部分基本上都是城市原有绿地。此时西方城市开始对绿地规划建设进行大规模的尝试。这段时期，一些有识之士对城市与自然的关系开始作系统性反思，城市绿地建设重点从局部调整转向重塑城市[13]。

此后，在20世纪60年代到90年代，城市绿地系统规划进入战后恢复和发展阶段，西方的主流价值观在此期间发生了很大变化。对于环境问题越来越多的关注，使得欧洲以及北美国家的大城市纷纷进行工业转型，以确保人居环境质量。在此期间，物种多样性保护也被广泛重视，大量的国家公园和野生动物栖息地迅速出现[14]。1961年，柏林处于分裂时期，资料中只有西柏林的规划。

20世纪末到21世纪初，城市绿地生态规划有了更强的理论基础，景观生态学作为新兴学科[15]，其对于绿地布局形态方面的研究，在这个阶段的绿地规划中发挥着重要作用。1989年，东西柏林的规划并置，西柏林绿地规划的总体布局与此前变化不大，但增加了一些小型的绿地类型嵌在建成区中，增强了景观联通性；东柏林对于绿地的规划与西柏林的风格有着明显差异，地块更为规整且整体性更强，有着明显"楔形"插入的发展趋势。

1994年，东西柏林的规划被统一，绿地规划网络化特征更加显著，逐渐联系融合，体系更加完整。一些交界的废弃地带被改建为城市公园（如柏林墙纪念公园）[16]，使得建成区内部绿化分布更为均衡。1994年起，柏林的绿地范围没有大幅的变动，但内部的品质在不断提高。

2.2 柏林绿地系统现状

根据数据计算，现今柏林的绿地占城市面积约44%（包括森林、农田、水域、各类公园以及运动场地等）[17]。从柏林官方土地利用规划可以看出，图2中有4种类型：有着大面积绿地的特殊建筑用地（special building land）、交往需求用地（community requirement）、其他空间以及居住区高质量绿地，这都属于在建设用地中有着大面积绿化的地块；而森林、农业用地等则均属于非建设用地。其中，城市建设用地绿化在柏林城市中占据较少部分，且多位于相对边缘的地带，尤其是高质量的居住绿地，一般为相对高档的住宅私有，而柏林市中心多为普通住房。从市中心到城市边缘，随着人口密度和建筑密度下降，绿地数量逐渐增加[18]。在城市规划进程中，柏林西边和东南方的森林用地一直延续，并保持较高品质。从图2中还可以看出，城市公园主要密集分布在城市中心，一方面因为柏林城市扩张是圈层式的，而这些公园都有着悠久的历史，修建时即位于城市中心，且在各阶段的规划中均被保留下来；另一方面，为了使柏林居民都平等享有城市绿地，政府大量改造、修建城市公园，这种有着极高公共性的空间可以为建筑密集的市中心的居民提供休闲娱乐场所。

住区人口密度和绿地的关系能够一定程度上反映城市生态环境质量。虽然高人口密度并不一定对城市绿地空间的连接性有负面影响[19]，但较高人口密度的城市人均绿地占有率明显更低[20]。目前，柏林人口为340万，总面积为892km²，40%的绿地覆盖率，绿地总体面积约为357km²，人均绿地约为105m²。虽然柏林城市建成区密度不断上涨，但这不妨碍柏林以栽种树木来增加绿量，以及采用绿色屋顶、垂直绿化的方式来持续它们的绿色发展理念[21]。此外，相对于二维平面量（绿化覆盖率、人均绿地）而言，绿量（单位面积上绿色植物的总量[22]）能够更好地反映城市绿化在空间结构方面的差异。图3为柏林规划官网的数据，它将柏林的城市绿地划分为多种具体的类型，并统计该类型每平方米上的绿色体积。可以看出，除草地和农场外，所有类型绿地的绿量都高于1，绿色植物覆盖的郁闭度极高。柏林近年来推行的植树政策，平均每平方公里要栽种82棵树木，城市总共拥有约440000棵树[23]，大大提高了城市的绿量。除了这些树木以外，柏林的绿色景观有着丰富的层次：森林、公墓和城市绿地有着极高的绿量，在单位面积的土地上种植的多为高大乔木；相对私人的苗圃园艺和居住用地则多为低矮灌木；草地、农场等绿量低的则基本为草本植物。此外，柏林城市绿地中植被丰富，在栖息此间的所有植物物种中，有2/3都属于当地的植物类型[24]，可以为居民和游客提供优质的游憩环境和本土植物教育。

3 柏林特色绿地系统——城市公园

有研究者将城市旅游地景观划分为典型旅游景观（自然型旅游景观）、非典型旅游景观（人文型旅游景观与一般城市景观）和非旅游型城市景观（一般城市景观）[25]。柏林的非典型旅游景观和非旅游型城市景观较多，除一些古典园林和自然保护区，柏林的公园多属于后者。城市公园能为居民提供健康舒适的休闲环境，同时丰富空间层级进而

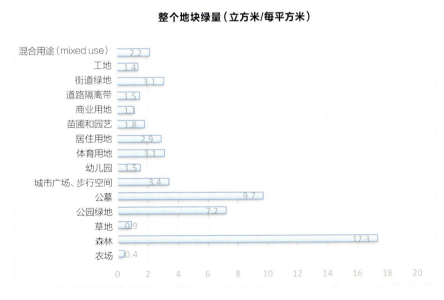

图3 柏林各类型绿地绿量统计

图片来源：作者自绘（数据源自柏林规划官方网站http://www.stadtentwicklung.berlin.deplanen/fnp/de/downloads/index.shtml）

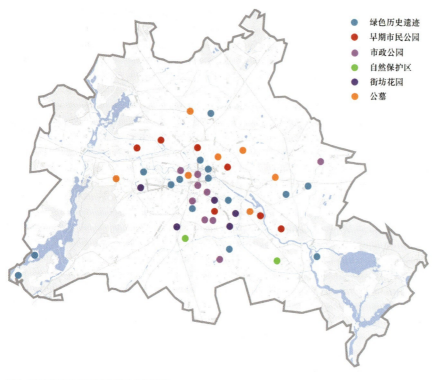

图4 柏林城市重点公园类型及分布现状

图片来源：作者自绘（参照《柏林城市绿地空间》手册，为柏林市政官方指南）

提升城市形象感。西欧在20世纪一场大规模的城市公园运动后，其公园开始承载文化功能并成为旅游资源[26]。柏林的城市公园数量巨大，目前，2.2万的柏林居民的住处距最近的公园不超过500m，每步行15~30分钟就能走到一个公园[27]。

根据《柏林城市绿地空间》手册中的内容，对柏林城市重点公园的类型进行现状划分（图4）。在19世纪中叶以前，柏林是没有公园的，只有一些小的花园遗留下来，并且都是贵族的产权。而到1830年，柏林博物馆建成的首个公共绿地向公众开放，该绿地位于柏林市中心的"博物馆岛"。

这些绿色历史遗迹，在图4中显示为蓝色的点，其中还包括有1.4km长的柏林墙遗址公园、德国现存最古老的动物园等。这类城市公园本身作为遗产有着丰厚的历史文化价值，同时也为市中心繁华地带提供了绿色休闲空间。除历史遗迹绿地外，一些早期市民公园（图4红色点）都尽量保留一些原有的雕塑，在加入新的主题设施后成为市民轮滑、慢跑、观赏露天电影的休闲场所，更有保留了原有驳岸的亲水公园。

而市政公园作为城市景观的重要组成部分（图4粉色点），人们可以在其中劳作、玩耍。与其他的景观公园不同，在有些该类公园中，市民可以种植蔬果、培育鲜花，这种自主种植和环境教育可以持续增强公众参与[28]。另外，这些市民自主营建的公园对于老人和移民者来说十分重要，在参与城市建设的过程中，令他们感到在柏林这座城市扎下根来，增强了他们的归属感。图5中的Gleisdreiek公园即目前非常受欢迎的市政公园。

大型自然保护区在柏林有两个（图4绿色点），还有一些自由生长的自然地块。柏林是个有着很高生物多样性的城市，共有约3300类植物物种，其中有2/3为本土植物[29]，同时还有很多的鸟类，不乏珍稀物种。在欧盟制订Natura 2000自然保护区计划之时，柏林总共6000hm^{2}的地段被划入保护区名单，超过城市总面积的7%。

柏林人对于自己居住的社区有着依恋情感。提升社区邻里的公共环境，例如街坊公园（neighborhood garden）（图4紫色点），一方面能减少噪声和污染，另一方面也为居民提供更强的归属感。有些街坊公园已经有上百年的历史，一般都在密集的建筑区之间或者河岸边，作为市民的交流场所。这种利用边角空间的口袋公园相比于其他游玩场地往往更能吸引成人和儿童。此外，另一种绿地形式——公墓（图4橙色点），在西方也是重要的公共绿地，为人们提供交流休闲场所的同时，也为很多动植物提供了栖息地，并且对调节城市气候有着重要作用。

4 结合现有绿地的旅游策略

4.1 以城市公园为主体的特色旅游

植物园越来越多地成为游客的旅游目的地。据国际植物园保护联盟（BGCI）统计，每年有将近250万人参观游览植物园[30]，而除了专门的植物园外，一些非正式的公园能够更好地展示动植物以及人之间的互动关系，阐释环境中不同的物种是如何紧密联系、相互依存的。柏林的绿地范围广阔，且有着很高的绿量，植物物种极为丰富。丰富的植物种类可以提高空间异质性，更好地筛选和驯化植物，构筑具有地方性特色的绿色景观。此外，利用这些植物自然生长的公园，可以为游客和当地居民提供新型的旅游线路。目前，柏林当地已有一些关于荒野植物之旅的线下活动[31]，如采集当地的野生植物作为草药和食物，让居民们接受植物学科普教育，同时可以在野外放松身心。

4.2 城市公园与其他资源相组合

将市政官方网站旅游地图中提供的博物馆、景点以及码头同城市公园相叠加（图6），可以看出，在市中心地带，景点、博物馆与城市公园都十分密集，也是游客集中的区域。一方面，城市公园提供了良好的自然环境；另一方面，城市公园也为游客提供了休憩场所，可以在游览间隙略作停留。一些柏林城市公园本身历史悠久，是重要的遗产资源，也可以作为旅游吸引物构建游览路线，而人与遗产公园的互动也能更好地达到遗产保护的目的[32]。从图6可以看出，在柏林市中心南部、西部以及东南部河道交叉处，景点和博物馆相对不太密集的区域，一些较大型的市区公园和小型的街坊花园形成组团，结合其他设施，可以独立形成公园为主体的特色游览线路。随着旅游产业的不断发展，旅游不再仅限于观光这一

图5 德国柏林Gleisdreiek公园 草坪空间　　图片来源：北京大学中德城镇化与地方性研究实验室提供

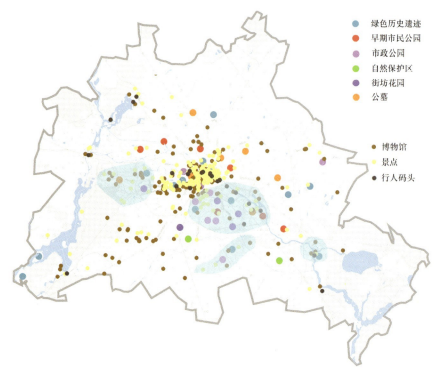

图6 柏林城市公园、博物馆、景点及基础设施分布图
图片来源：作者自绘（参照《柏林城市绿地空间》手册（柏林市政官方指南）及市政官方网站）

类型，人们在城市中漫步、融入城市生活、感受目的地风情，成为一种趋向。因此这种能够充分观察到本地居民生活方式、体验当地特色文化的旅游线路，未来应该会成为较广泛的游览选择。

4.3 结合水体优势的城市运河旅游

水体作为城市绿地系统中重要的部分，其设计要充分挖掘滨水区再生的潜能和特质，改善水域生态环境，改进河道可进入性与周边环境亲水性，增加娱乐机会，提高滨水区土地利用价值；同时，运用景观塑造的手法体现高差的变化，使水岸更加多变、灵活，增加舒适感与亲切度[33]。

柏林的观光河道由运河和自然河流组成环形水域，可以坐游船进行游览，途径柏林众多历史遗迹和现代建筑。其中，东边水域附近的建筑多为新旧结合，亲水性不强；而西北水域附近多为现代风格的新建筑，有开阔的沿河绿地空间，与水体结合，形成多样的沿河景观（图7）。根据图6中的码头分布现状可以看出，其大部分集中在市中心的观光区域，并在市政官网上发布了多条特色乘船游览线路。但是这些路线都是全程坐在船上完成游览，尽管沿线景观丰富，但对游客来说显得灵活性不足。对此，可以将河道与步行公园游览线路、自行车游览线路等进行结合，开发不同主题，并增加多功能码头和类型多样的游船，使得聚集人气的水体景观更加活跃。

图7 柏林观光河岸景观（上图：东部水域、下图：西北部水域）
图片来源：北京大学中德城镇化与地方性研究实验室提供

5 结语

根据柏林的历史规划，可以看

出其对于已有绿地的保留和延续，以及对城市公园绿地等人工绿地的不断建设，提升绿量和连通性，以完善绿地品质和生态效益。在未来的规划中，柏林将更加注重城市的可持续发展，在扩张城市范围之前先强调内部设施和环境的完善，并且不断提升社会接受程度。以良好的生态环境与完善的基础设施作为物质基础，在此之上要保证每个公民个体的权益。城市绿地开放空间应当被所有类型的访者平等使用[20][34]，而柏林的规划一直倡导公共、平等，提供亲切的、为不同阶层和种族居民共同享有的公共空间。多样的城市公园不仅吸引当地人休闲游憩，也吸引外来游客驻足，应充分考虑不同使用者的需求。此外，结合柏林作为欧洲新兴的设计产业集聚地所产生的文化创意背景和人才聚集效应，可以开发更为多样、新颖的旅游线路，为城市旅游的开发提供更多的可能性。

致谢

中德城镇化与地方性研究实验室(the Sino-German Joint Laboratory on Urbanization and Locality Research, UAL)，由北京大学建筑与景观设计学院、德国莱布尼兹汉诺威大学建筑与景观学院联合设立。此次参加调研的中方成员包括汪芳教授、李双成教授、吴必虎教授，研究生刘清倩、路丽君、胡文颖、贺靖、林诗婷、何昊，他们为本文提供了照片。同时，德方成员Martin Prominski教授、Rüdiger Prasse 教授、Carl Herwarth von Bittenfeld 教授及其团队，为本研究提供考察安排和素材收集。

基金资助

中德双边合作研究项目（GZ1201，由中国国家自然科学基金委员会NSFC、德国科学基金会DFG共同设立的中德科学中心资助）

参考文献

[1] 李晖,王兴宇,范宇,等. 基于整体系统观念的人居环境绿地系统体系构建[J]. 城市发展研究, 2009, 16(12): 146-150.

[2] 王如松,欧阳志云. 社会—经济—自然复合生态系统与可持续发展[J]. 中国科学院院刊, 2012, 27(3): 337-345.

[3] Thompson C W. Urban open space in the 21st century[J]. Landscape & Urban Planning, 2002, 60(2): 59-72.

[4] Cianga N, Popescu A. Green spaces and urban tourism development in Craiova municipality in Romania[J]. European Journal of Geography, 2013, 4(2): 34-45.

[5] The urban land use plan[D]. Berlin: Senate Department for Urban Development and the Environment, 2014.

[6] 哈罗德·博登沙茨,李双志,易鑫. 柏林市中心的"批判性重建"[J]. 国际城市规划, 2016, 31(2): 18-24.

[7] Kabisch N. Ecosystem service implementation and governance challenges in urban green space planning—the case of Berlin, Germany[J]. Land Use Policy, 2015, 42: 557-567.

[8] Thierfelder H, Kabisch N. Viewpoint Berlin: strategic urban development in Berlin—challenges for future urban green space development[J]. Environmental Science & Policy, 2016, 62: 120-122.

[9] 同[8].

[10] Urban green space in berlin[D]. Berlin: Senate Department for the Environment, Transport and Climate Protection, 2017.

[11] 王保忠,王彩霞,何平,等. 城市绿地研究综述[J]. 城市规划学刊, 2004(2): 62-68.

[12] 同[8].

[13] 吴人韦. 国外城市绿地的发展历程[J]. 城市规划, 1998(6): 39-43.

[14] Perreault T. Environment and Development[M] // A Companion to Environmental Geography. Wiley-Blackwell, 2009: 105-105.

[15] Urban D L, O'Neill R V, Shugart H H. Landscape ecology[J]. Bioscience, 1987, 37(2): 119-127.

[16] 同[8].

[17] 同[5].

[18] 高峻,杨名静. 上海城市绿地景观格局的分析研究[J]. 中国园林, 2000(1): 53-56.

[19] Tian Y, Chiyung J, Yan T. Factors on the spatial pattern of green cover in the compact city of Hong Kong[C] // International Conference on Computer Distributed Control and Intelligent Environmental Monitoring. IEEE, 2011: 1527-1531.

[20] Richards D R, Passy P, Oh R R Y. Impacts of population density and wealth on the quantity and structure of urban green space in tropical Southeast Asia[J]. Landscape & Urban Planning, 2017, 157: 553-560.

[21] 同[4].

[22] 刘思. 既有绿量测算指标研究综述[J/OL]. 建筑知识, 2017(2017-10-18).

[23] Berlin strategy.

[24] 同[8].

[25] 陈玲玲,曹杨,易琳,等. 城市旅游地景观格局演变与优化研究——以南京为例[J]. 长江流域资源与环境, 2016, 25(7): 1024-1033.

[26] 同[4].

[27] 同[5].

[28] Kabisch N, Haase D. Green justice or just green? Provision of urban green spaces in Berlin, Germany[J]. Landscape & Urban Planning, 2014, 122(2): 129-139.

[29] 同[8].

[30] Ballantyne R, Packer J, Hug K. Environmental awareness, interests and motives of botanic gardens visitors: implications for interpretive practice[J]. Tourism Management, 2008, 29(3): 439-444.

[31] "Morgenstund" hat Wildnis im Mund, [Online] Available: http://www.wildkraeuterfruehstueck.de/, 2012.

[32] Gao L, Dietze-Schirdewahn A. Garden culture as heritage: a pilot study of garden culture conservation based on Norwegian examples[J]. Urban Forestry & Urban Greening, 2017.

[33] 赵铁铮. 营造蓝绿交融的生态走廊：上海长风商务区沿苏州河城市景观规划设计[J]. 规划师, 2006, 22(1): 29-32.

[34] 同[28].

大地风景文旅集团
BES Cultural Tourism Group
美好生活创新服务商

16年 专于文旅

3000+ 作品

赋能美好生活时代
ENABLE THE BEAUTIFUL LIFE ERA

/ 规划设计　　/ 投资融资　　/ 注入内容　　/ 运营资产

为中国大地保留和创造动人风景！

大地规划	风景文创	大地乡居	大地溪客	大地云游
文旅规划设计的经典标杆企业	旅游文创消费运营的先行探索者	新乡土哲学指导的乡村文旅投、建、运一体化解决方案	中国领先的可移动型旅游装备设计制造商	中国智慧旅游综合服务商

大地诚泰	大地投资	大地遗产	景区管理	大地建筑
文旅内容股权投资管理者	景区提质增效的动力引擎	遗产保护活化开拓者	创A全程服务商	最懂风景的建筑设计机构

www.bescn.com
sales@bescn.com
010-5939-3252 189-1130-5757

第四届中国古村镇大会
选址办法

大会概要

中国古村镇大会创办于2015年,迄今已成功举办三届,是国内迄今为止唯一一个超部门、多学科、跨行业的开放性古村镇领航大会。大会以公益开放的心态,整合国内外高端思想资源,联合全国关心古村、文化传承和乡村发展的社会各界人士,增强社会爱护古村的意识,积极探索路径让古村更好地传承发展下去,以期探索有益于古村保护和可持续经营的发展道路,缔造国内顶尖的新锐思想圈,成就中国古村保护活化民间最权威、最具影响力的智力机构和合作平台。

选址目的

古村镇大会选址目的是建立一个为中国传统村落和古村重要事务对话的公共平台。会址选定以市(县)为单位,在与会各方交流、合作,并就大会主题、事务达成初步共识的同时,寻求与会址间的共赢发展。

古村镇大会的举办将推进会址所在地包括乡村旅游、投融资、产业建设与整合、形象推广在内的多方面共同发展,为产业生态圈及乡村建设提供有利契机:

快速提高村镇知名度。 筹办大会,可在项目建设初、中期迅速提升项目所在地的知名度。大力推进重点项目建设。可以促使会址所在地古村保护、村镇活化、乡村旅游、创业创新等重点项目建设力度。

整体提高干部群众观念。 大会通过"请进来"各方嘉宾和代表的方式,改变干部群众的思想观念,理清工作思路。

全方位引入智力资源。 以需求和问题为导向,通过引入活动的演讲嘉宾资源,为乡村建设与治理、产业发展与规划等出谋划策,寻求解决方案。

促进项目合作与落地。 搭建会址所在地与论坛专家资源库之间的综合服务平台,优先促进乡村项目与专家资源库的合作与落地,最终实现多赢局面。

选址条件

古村镇大会年度会址选择范围原则上限定于传统村落或古村落分布较多的区域。

（一）该区域具备鲜明的村落地域文化特点（较多的古村落、实践较好的村落案例等）。

（二）无偿提供可容纳至少500人的会议场所，具备食宿接待基本设施。

（三）为大会提供基本筹备费用，具体内容可与大会秘书处接洽。

（四）会址所在地政府对于古村镇大会的举办给予政策认可和支持，并于当地及周边政府机构予以宣传推荐。

（五）会址所在地应具备较有特色的产业体系及开放、包容的投资环境。

会址选定

采取"业界推荐、实地考察、综合评审"的方式确定下年度会址所在地。其中：

业界推荐
由大会主席团专家委员会推荐拟选会址，会址所在地也可自荐。

实地考察
由组委会主席或执行主席、秘书长及其他有关负责人实地考察拟选会址。

综合评审
考察结果呈报大会主席团，广泛征求意见，确定合作意向，签署合作协议。

联系方式

大会秘书处：中国·深圳·坂田五和大道南2号万科星火Online 7-238
7-238,Vanke Spark Online,NO.2 Wuhe South Road,Bantian Street,Longgang District,Shenzhen,Guangdong,PRC
Tel: 0755-28895149　　WeChat: gucunhui　　www.GUCUNDAHUI.com

大会官方二维码

旅游规划与设计 往辑回顾

《地学旅游》
2017年12月，第26辑

《乡村健康旅游与乡居生活方式》
2017年9月，第25辑

《遗产旅游：呈现与活化》
2017年6月，第24辑

《景区容量与游客管理》
2017年3月，第23辑

《儿童及亲子旅游》
2016年12月，第22辑

《生态旅游》
2016年10月，第21辑

《台湾乡村旅游与民宿》
2016年6月，第20辑

《主题公园》
2016年3月，第19辑

《旅游厕所》
2015年12月，第18辑

《传统村落：保护与活化》
2015年9月，第17辑